REFLECTION

일 잘하는 팀을 만드는 리플렉션의 힘
실전에서 바로 써먹는 생각 정리 기술

초판 1쇄 발행 2022년 1월 31일

지은이 구마히라 미카
옮긴이 이정미

펴낸이 김진규
경영지원 정동윤
책임편집 김정희

펴낸곳 (주)시프 | 출판등록 2021년 2월 15일(제2021-000035호)
주소 경기도 고양시 덕양구 권율대로668 티오피클래식 209-2호
전화 070-7576-1412
팩스 0303-3448-3388
이메일 seepbooks@naver.com

ISBN 979-11-977377-0-1 03320

일 잘하는 팀을 만드는 리플렉션의 힘

실전에서 바로 써먹는
생각 정리 기술

REFLECTION

구마히라 미카 지음
이정미 옮김

시프

"시장의 규모는 작아지는데 목표 실적은 자꾸 높아진다."

"다른 부서와 협력해야 하는데 소통이 잘 되지 않는다."

"업무 의욕을 올려주고 싶은데 후배를 가르칠 시간이 없다."

리더가 해결해야 할 문제는 늘 쌓여 있다. 답을 찾기 위해 시스템적 사고나 디자인적 사고와 같은 다양한 방법을 활용해보지만 문제는 쉽게 풀리지 않는다. 온갖 과제를 떠안은 채로 이리저리 휘둘리기도 한다. 이때 우리는 새로운 지식이나 인재가 필요하다고 생각하기 쉽다. 하지만 가장 중요한 것은 '자기 자신과 마주하는 일'이다.

앞서 말한 시스템적 사고나 디자인적 사고를 컴퓨터에 비유하면 하나의 프로그램에 지나지 않는다. 제아무리 최신 프로그램을 설치한다 해도 컴퓨터가 오래되면 따라가지 못하듯이 사용하는 사람이 뒤처지면 소용이 없다. 최신 프로그램을 제대로 활용하려면 이를 작동시킬 사람의 운영체제도 끊임없이 고쳐나가야 한다.

내가 대표를 맡고 있는 '사단법인 21세기 배움연구소'에서는 'OS21'이라는 프로그램을 통해 사람의 운영체제OS, 즉 새로운 지식과 정보를 활용하는 능력을 높이는 데 힘쓰고 있다.

말하자면 자신이 정한 목표를 이루기 위해 스스로 공부하는 '자율형 인재'를 기르는 것이다.

이때 가장 중요시되는 것이 **리플렉션**과 **대화**다. 그리고 이 둘의 질을 높이려면 **메타인지력**이 필요하다. 이 책에서는 '리플렉션'이 누구에게나 당연한 습관처럼 자리 잡을 수 있도록 자세한 실천 방법을 소개한다.

리플렉션Reflection이란 자신의 내면을 객관적이고 비판적으로 돌아보는 행위다. 우리말로 표현하면 자신을 돌이켜 살펴본다는 '내성'內省이라는 단어와 가장 유사하다. 역사적으로는 소크라테스와 플라톤이 살았던 그리스 시대부터 사용된 개념이지만, 20세기 말에 이르러서야 인재개발론 관점에서 미래를 창조하는 힘으로 여겨지며 전 세계의 주목을 받았다.

리플렉션은 '내성' 혹은 '반성'이라는 말과 뜻은 비슷하지만 깊이 살펴보면 단어의 결이 조금 다르다. 돌이켜본다거나 반성한다는 말에는 부정적인 이미지가 담겨 있어서 주로 일이 풀리지 않거나 책임을 져야 할 때 사용하기 때문이다.

하지만 **리플렉션의 목적은 다양한 경험에서 깨달음을 얻고 이를 미래에 활용하는 것이다**. 우리는 어떤 경험에서든 배울 수 있다. 경험을 객관적으로 바라보면 새로운 깨달음을 얻고, 추후에 의사결정이나 행동을 할 때 이를 활용할 수 있다. 이것이 우리가 '리플렉션'을 해야 하는 진짜 이유다.

리플렉션의 5가지 기본 방법은 아래와 같다.

- 나를 알기
- 비전 세우기
- 경험에서 배우기
- 대화를 통해 배우기
- 언런하기 (가치관 바꾸기)

리플렉션의 기본 방법을 활용하면 자신이 성장할 뿐 아니라 다른 사람과 함께 성장을 도모할 수 있다. 말하자면 조직의 구성원을 이해하고 바람직한 방향으로 이끄는 리더십을 발휘할 수 있는 것이다. 특히 이 책에서는 리더를 위한 리플렉션 활용법을 상세히 밝혔다.

나는 비즈니스와 교육업계를 오가면서 누구든 잠재력을 키워 자신만의 방법으로 활약하도록 다양한 인재육성법을 연구하고 이를 개인과 조직에 활용해왔다.

하지만 과거의 성공 경험에만 집착하는 사람을 만날 때면 발전적인 논의를 기대하기 어려웠고 때로는 위기감마저 느꼈다. 현상을 유지하기만 해서는 계속 뒤처질 뿐이다. 리플렉션에 집중하지 않고 과거의 성공 경험에만 매달려서는 이상을 실현할 수도, 앞으로 나아갈 수도 없다.

점점 다양화되는 사회에서 개개인의 능력이 충분히 발휘되도록 리플렉션 하는 습관이 모두에게 자리 잡기를 바란다.

리플렉션을 하지 않으면 생기는 두 가지 문제점

대부분의 직장인과 리더는 성과를 내는 데만 집착한다. 성과를 낸 다음에는 경험을 통해 얻은 지식을 정리해서 다른 사람과 공유해야 하는데, 급히 해결해야 할 과제에 치이다 보니 늘 하던 대로 눈앞에 닥친 일부터 처리하고 만다. 직장인이라면 누구나 한 번쯤 경험해봤을 일이다.

실적을 올렸는데 왜 이와 같은 결과가 나왔는지 다른 사람에게 설명할 수 없다면 개인과 조직에 두 가지 문제점이 발생한다.

1) 방법과 요령을 공유하지 못해서 성장이 멈춘다

어떤 결과가 나온 이유를 설명하지 못하면 경험을 통해 얻은 요령이나 지식을 다른 사람에게 전수할 수 없다. 결국 계속해서 직접 일을 처리해야 하는 상황에 빠진다. 이러면 자신의 능력은 인정받을지언정 새로운 분야에 도전하지 못해서 성장할 기회를 놓친다. 또 관리직으로 올라가지 못하니 업무가 점점 늘어난다.
세계적인 기업 제너럴일렉트릭GE에서는 '가능한 빨리 후배를 승진시키는 일'을 관리직의 목표로 삼는다. 아래 직원에게 같은 업무를 3년 이상 시키면 능력 없는 상사로 평가받기도 한다. 여기에는 '사람은 새로운 도전을 할 수 있는 환경에서만 성장한다'는 신념이 깔려 있다.
경력은 스스로 만들어가는 것이다. 새로운 업무에 도전할 수 있도록 이미 해낸 일은 아래 직원에게 맡겨야 한다.

2) 과거의 성공 경험에만 집착한다

우리는 지금 거대한 패러다임 전환기에 서 있다. 졸업 후 한 회사의 신입사원이 되어 평생 일하는 전통적인 '입사' 개념은 점차 사라지고, 전문성을 우선시하여 업무별로 직원을 채용하는 직무형 고용제가 늘고 있다. 새로운 기술이 시시때때로 개발되어 어제 번성했던 산업이 하룻밤 사이에 쇠퇴의 길을 걷기도 한다.

이처럼 급격하게 변화하는 세상에서 과거의 성공 경험에만 의존해서는 좋은 결과를 얻기 힘들다. 그런데도 많은 사람이 지나간 경험에만 집착하는 이유는 무엇일까.

이는 **리플렉션을 하지 않기 때문이다**.

과거에서 벗어나기 위해서는 성공 경험을 단순히 이해하기만 해서는 안 된다. 성공 경험을 통해 판단 기준이나 가치관이 형성되면 이중에서 어느 것을 취하고 버려야 할지 선택해야 한다. 이를 위해서 리플렉션이 필요한 것이다.

리플렉션은 개인과 조직의 성장을 돕는 열쇠다. 앞으로 리더가 꾸준히 성과를 내려면 기술과 지식을 쌓는 것만으로는 부족하고, 이와 함께 자신의 가치관과 내면을 꾸준히 고쳐나가야 한다.

빠르게 바뀌는 세상과 현실의 냉혹함에 혼란스러울지도 모르겠다. 하지만 이제껏 쌓아왔던 경험들 속에서 우리는 생각지도 못한 깨달음을 얻을 수 있다. 어쩌면 어제 겪은 일 안에도 배울 점이 숨어 있을지 모른다. 리플렉션을 통해 다양한 깨달음을 얻고 이를 기반으로 꿈꾸는 미래를 만들어가자.

책의 구성 및 활용법

이 책의 목표는 효과적인 리플렉션 방법을 익혀서 자신을 성장시키고 조직 구성원을 가르치는 데 활용하는 것이다.

1장에서는 질 높은 리플렉션을 위해서 메타인지의 기본이 되는 '인지의 4가지 구성 요소'를 알아본다. 또한 이를 바탕으로 리플렉션의 5가지 기본 방법을 소개한다. 기본 방법을 익히면 효과적인 리플렉션을 곧바로 실천할 수 있다.

2장부터 4장에서는 상황별로 리플렉션을 어떻게 활용할지 구체적인 사용법을 알아본다.

2장에서는 리더십을 중심으로 다룬다. 자신만의 리더십을 기를 때 리플렉션이 어떻게 도움이 되는지 설명한다.

3장에서는 인재 육성이 중심 주제다. 직원들의 의욕을 올리고 주체적으로 성장하도록 돕는 리플렉션 활용법을 알아본다.

4장의 주제는 조직이다. 다양성을 살리고 새로운 가치를 창출해내는 조직을 만들기 위해 어떻게 리플렉션을 활용할지 알아본다.

평소에 자신을 자주 돌아보지 않는 사람에게는 내면을 깊이 파고드는 일이 낯설지도 모르겠다. 하지만 자신을 알면 알수록 자기긍정감이 높아지고 나를 이해하는 일이 즐겁게 느껴질 것이다.

그림0-1 리플렉션의 5가지 기본 방법

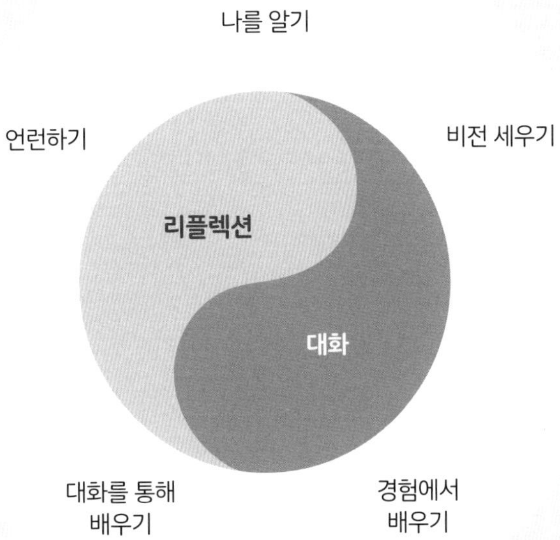

POINT

- 리플렉션과 대화로 깨달음을 얻고 성장할 수 있다.
- 기본 방법을 활용하면 다른 사람을 이해하여 성장을 촉진시키며, 조직을 이끄는 리더십을 기를 수 있다.

차례

2장 <리더십 편> 리플렉션으로 내 안에 있는 리더십을 깨우자

3장 <인재육성 편> 리플렉션으로 자율형 인재를 키우자

1

리플렉션의 다섯 가지 기초

메타인지력 높이기

우리는 리플렉션을 통해 다양한 경험에서 깨달음을 얻고 자신을 새롭게 바꿔나갈 수 있다. 그렇다고 무조건 리플렉션에 몰두한다고 해서 이상을 실현할 지혜와 안목을 얻는 것은 아니다. 리플렉션의 질, 즉 '어떻게 리플렉션을 하느냐'가 중요하다.

리플렉션을 하기 전에 우선 모든 것의 바탕이 되는 '인지'의 기본 구조를 살펴보자. 이는 **'인지의 4가지 구성 요소'**로 정리할 수 있다.

인지의 기본 구조를 이해하면 '메타인지력'을 높일 수 있다.

메타인지란 간단히 말해 자신이 어느 정도 알고 있는지 인지하는 것으로, 자신의 인지 상태를 한 차원 높은 시각에서 바라보는 과정이다. 사실과 경험에 대한 자신의 판단과 의견을 '의견, 경험, 감정, 가치관' 등 인지의 4가지 구성 요소로 구분해 시각화하면 자신의 내면을 여러 방면에 걸쳐 깊이 있게 들여다보고 유연하게

그림1-1 인지의 4가지 구성 요소

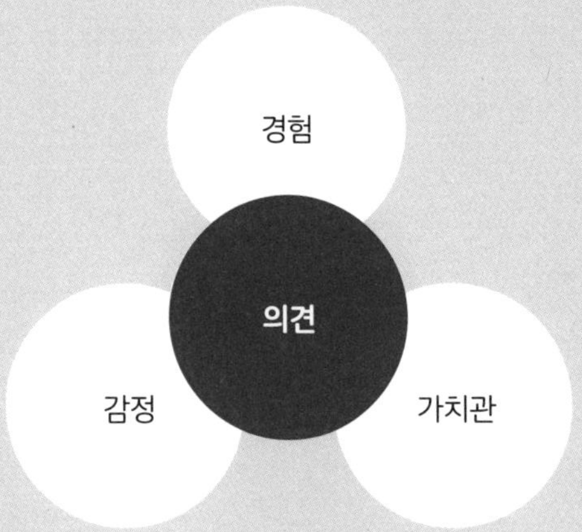

의견은 과거의 경험, 감정, 가치관을 바탕으로 형성된다.

의견	**당신의 의견은 무엇인가?**
경험	**그 의견은 어떤 경험과 깨달음에서 비롯되었는가?** 읽고 들은 일도 경험에 포함된다.
감정	**그 경험에는 어떤 감정이 얽혀 있는가?** 경험의 기억은 감정의 기억이기도 하다. 크게는 긍정적 감정과 부정적 감정 두 가지가 있다.
가치관	**의견, 경험, 감정을 총체적으로 바라보면서 자신이 소중하게 여기는 것이 무엇인지 명확하게 확인하자.** 중요한 가치관, 판단 기준, 개인적인 취향, 관점 등이 있다.

사고할 수 있다.

인지란 심리학 용어로, '외부에 있는 대상을 지각하고 그것이 무엇인지 판단하는 과정'을 의미한다. 낯선 용어처럼 들리지만 사실은 숨쉬기처럼 태어난 순간부터 누구나 하는 행위다.

인지(지각과 판단)의 예

지각 아침 하늘을 보고 → **판단** 오늘은 날씨가 맑다.

지각 상사의 표정을 보고 → **판단** 오늘은 기분이 좋은 것 같다.

지각 자료를 훑어보고 → **판단** 중요한 부분에 밑줄을 친다.

예를 들면 인지는 과거의 경험에서 형성된 가치관에서 큰 영향을 받는다. 미국의 교육학자 크리스 아지리스Chris Argyris는 '추론의 사다리'(그림1-2)로 인지의 작동 원리를 설명했다.

인지는 여러 가지 사실과 경험 중에서 특정 사실을 지각하면서 시작된다. 이때 자신이 지각한 사실을 어떻게 판단할 것인가는 과거의 경험과 지식에서 형성된 가치관에 의존하게 된다. 새로운 사실을 지각하고 판단하면 그 경험을 통해 또다시 새로운 가치관이 형성되고 점차 쌓인다.

그림1-2 추론의 사다리

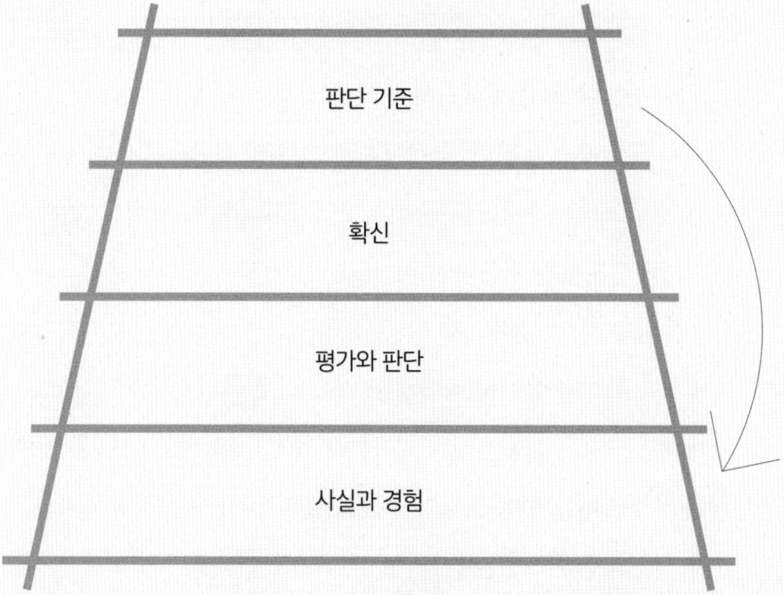

지각과 판단은 과거의 경험에서 형성된
가치관을 바탕으로 이루어진다.

메타인지를 위한
인지의 4가지 구성 요소

매사추세츠 공과대학 교수 피터 센게Peter Senge가 쓴《학습하는 조직》에서는 추론의 사다리를 통해 형성된 가치관을 '정신모델'이라고 부른다. 앞에서 다룬 인지의 4가지 구성 요소인 의견, 경험, 감정, 가치관은 이 정신모델을 시각화한 것이다. 인지의 4가지 구성 요소를 활용하여 정신모델이 어떻게 형성되는지 간단한 예를 통해 살펴보자.

개를 좋아하거나 싫어하는 사람은 각각 개에 대한 인지가 다르다. 좋아하는 사람은 개를 키우거나 귀여워했던 긍정적인 경험을 통해 '개는 사랑스럽고 마음을 달래주는 존재'라는 가치관이 형성돼 있다. 당연히 개를 보면 다가가고 싶어진다. 반대로 싫어하는 사람은 개에 쫓기거나 물렸던 부정적인 경험 때문에 '개는 위험한 존재'라고 생각해서 개를 보면 피하고 싶어진다.

또한 같은 경험을 했더라도 그 경험에서 무엇이 인상에 남느냐는 사람에 따라 다르다. 함께 하와이 여행을 다녀온 A와 B의 상반된 추억을 살펴보자.

여행에서 가장 기억에 남는 일로 A는 바닷가 산책을, B는 스쿠버 다이빙을 꼽았다. 두 사람은 각각 무엇을 인지하고 어떻게

그림1-3 사례를 통해 본 인지의 4가지 구성 요소

개를 봤을 때의 인지

	A의 인지 구조	B의 인지 구조
의견	개를 좋아한다	개를 싫어한다
경험	예전부터 집에서 개를 키웠다	개에 물려 다친 적이 있다
감정	기쁨, 안심	무서움
가치관	개는 사랑스럽고 마음을 달래준다	개는 가까이하면 위험하다

POINT

똑같이 개를 보더라도 사람에 따라 인지하는 바가 다르다.

해석했을까. 추론의 사다리와 인지의 구성 요소로 알아보자.

A는 하와이에서 바닷가를 산책할 때 습도가 낮아서 쾌적하다는 사실을 인지했다. 또 바닷가를 걷는 동안 하와이 특유의 바다 색깔을 보고 부드러운 모래 감촉을 느끼며 이제껏 봤던 바다와는 사뭇 다른 인상을 받았다.

A는 왜 다양한 경험 중에서 유독 습도에 민감하게 반응했을까. A의 인지를 4가지 구성 요소로 나눠 생각해보면 A가 '쾌적함과 청결함'이라는 가치를 중요시한다는 점을 알 수 있다.

반면 B에게 가장 인상 깊었던 것은 스쿠버다이빙을 할 때 본 거북이가 헤엄치는 모습이었다. 하와이에서 스쿠버다이빙을 하면 이제껏 본 적 없던 화려한 색깔의 물고기를 볼 수 있고, 운이 좋으면 가오리를 만날 수도 있다. 투명하고 파란 바다도 정말 아름답다.

B는 다양한 사실 가운데서 왜 거북이 헤엄치는 모습을 선택했을까. 인지의 4가지 구성 요소로 분석해보면 수영을 배웠던 초등학교 시절의 경험이 연관되어 있음을 알 수 있다. 그 당시 가졌던, 빠르고도 아름답게 수영하는 모습에 대한 동경심이 거북이를 보자 떠올랐던 것이다.

인지의 4가지 구성 요소를 활용하여 리플렉션을 실천하면 메타인지력이 올라간다. 여러 경험 가운데서 무엇을 지각하고 판단했으며 어떤 의견을 가졌는지, 그 의견을 가지게 된 배경에

그림1-4 하와이에서의 A의 인지

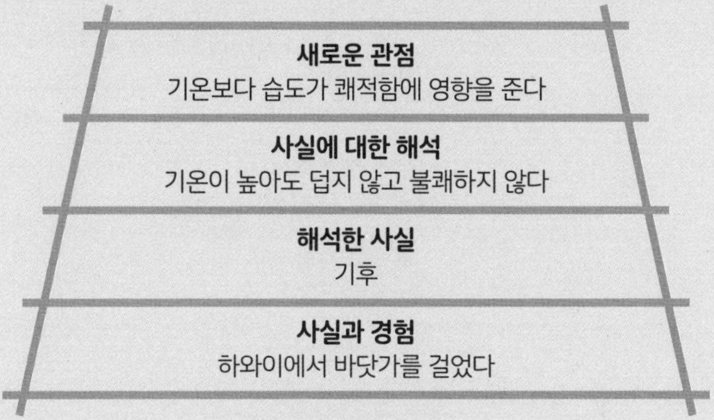

인지의 4가지 구성
요소로 분석하면

A의 인지의 4가지 구성 요소	
의견	**왜 습도에 민감하게 반응했을까?** 하와이는 기온이 높은데도 끈적임이나 불쾌감이 없어서 놀랐다.
경험	**그 의견과 관련된 경험은 무엇인가?** 집에서는 외출할 때마다 땀으로 옷이 다 젖어서 일할 때면 항상 씻고 싶은 마음뿐이었다. 여행 오기 전날에도 그랬기 때문에 하와이의 쾌적함에 놀랐다.
감정	**그 의견과 경험에는 어떤 감정이 얽혀 있는가?** 하와이의 쾌적함에 대한 놀라움, 우리나라 더위에 대한 아쉬움.
가치관	**의견, 경험, 감정을 총체적으로 바라보면서 자신이 소중하게 여기는 것이 무엇인지 명확하게 확인하자. (중요한 가치관, 판단 기준, 개인적인 취향, 관점 등)** 쾌적함, 청결함.

그림1-5 하와이에서의 B의 인지

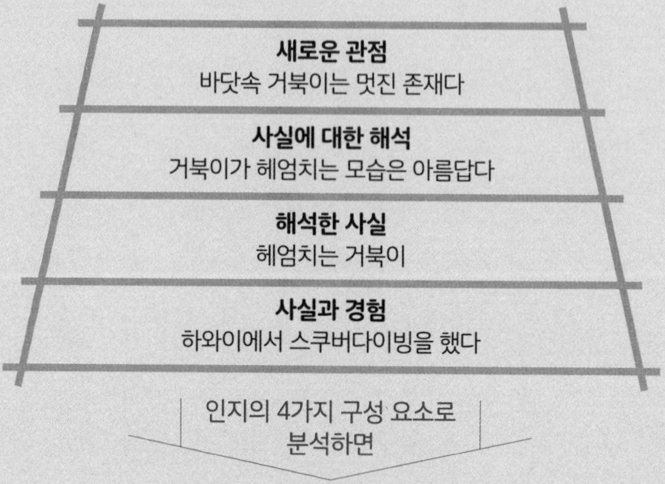

B의 인지의 4가지 구성 요소	
의견	**왜 거북이의 헤엄치는 모습에 끌렸을까?** ‘토끼와 거북이’ 이야기 때문에 거북이는 느리고 둔하다고 생각했는데 실제로 보니 불필요한 움직임 없이 빠르게 헤엄치는 모습이 정말로 아름다웠다.
경험	**그 의견과 관련된 경험은 무엇인가?** 초등학교 시절 수영을 배울 때 단순한 동작으로 빠르게 수영하는 사람들의 모습이 멋지다고 생각했다.
감정	**그 의견과 경험에는 어떤 감정이 얽혀 있는가?** 놀라움, 감동.
가치관	**의견, 경험, 감정을 총체적으로 바라보면서 자신이 소중하게 여기는 것이 무엇인지 명확하게 확인하자. (중요한 가치관, 판단 기준, 개인적인 취향, 관점 등)** 빠르게 수영하는 모습, 아름다움, 군더더기 없는 단순함.

어떤 경험과 감정이 연관되어 있는지, 또 어떤 가치관이나 관점이 깔려 있는지를 객관적으로 살펴보면 메타인지력이 높아진다.
사람은 보통 리플렉션을 할 때 자신의 틀 안에서 벗어나지 못한다. 인간이란 자신이 보고 싶은 것만 보는 존재이기 때문이다. 이처럼 자기 안에 갇혀 있으면 자주 리플렉션을 한다고 해도 효과는 크지 않다.
자신이 무엇을 지각하고 어떻게 판단했는지, 그 의견에는 어떤 경험, 감정, 가치관이 연관돼 있는지를 분석하면 한 발짝 물러서서 자신을 객관적으로 바라볼 수 있다. 또한 자신의 인지 구조를 이해하는 능력이 생기면서 다양한 시각을 갖는 데도 도움이 된다.
인지의 4가지 구성 요소를 활용해 리플렉션을 한 뒤에는 다른 사람과 내용을 공유하는 것이 좋다. 리플렉션을 공유하면 인간의 다양성에 새삼 놀랄 만큼 나와 다른 사람의 차이가 분명하게 드러난다. 특히 팀원들처럼 같은 경험을 공유하는 사람이 있다면 리플렉션을 통해 서로의 차이를 확인해보자. 같은 경험을 각자 어떻게 해석했는지를 알면 새로운 관점과 사실을 배울 수 있다.

의견, 경험, 감정, 가치관 구분하기

인지의 4가지 구성 요소에서는 인지를 **의견, 경험, 감정, 가치관**으로 나눠서 파악한다. 평소에는 자신의 생각을 이처럼 나눠서 보지는 않으므로 쉽지 않은 작업이다.

하지만 인지를 4가지 항목으로 나눠서 생각하는 습관이 자리 잡으면 자신을 깊이 이해하고 변화시키는 힘을 키울 수 있다.

그동안 내가 무엇에 얽매여 있었는지를 알고, 경험에서 의미 있는 깨달음을 얻을 수 있다. 처음에는 조금 낯설게 느껴지겠지만 꾸준히 연습하다 보면 자연스럽게 몸에 익을 것이다.

그러면 지금부터 사례를 통해 인지를 의견, 경험, 감정, 가치관으로 구분하는 방법을 알아보자.

후배와의 면담

오랜만에 후배와 일대일 면담을 했다. 원격근무제 때문에 지친 모습이어서 일에 관한 이야기뿐 아니라 걱정거리나 고민은 없는지 물었다. 집에서 온라인으로 면담했더니 회사에서 면담했을 때보다 분위기가 편안했다. 나 역시 평소처럼 실적에 대한 압박을 주기보다는 후배의 이야기를 경청하게 되었다. 원격 근무로 인해

소통의 중요성을 그 어느 때보다 크게 인식하면서 후배와의 신뢰관계가 오히려 두터워진 것 같다.

위 경험을 인지의 4가지 구성 요소로 나누면 아래와 같다.

의견 원격 근무로 인해 소통을 중요하게 인식하면서 후배와의 신뢰관계가 두터워진 것 같다.

경험 집에서 온라인으로 후배와 일대일 면담을 했다. 회사에서와는 다르게 편안한 마음으로 대화할 수 있었다. 후배의 상황을 이해하기 위해 질문도 좀 더 정중하게 했고, 후배의 이야기도 귀기울여 들었다.

감정 놀라움, 안심.

가치관 신뢰와 지원.

이번에는 항목별로 내용을 어떻게 정리하면 좋을지 좀더 자세하게 살펴보자.

1) 의견

의견란에는 '생각, 깨달음, 판단'을 써넣는다. 'A안이 좋다'거나 '날씨가 좋다'와 같은 내용이 의견에 해당한다.
경험, 감정, 가치관을 모두 의견에 포함시키는 사람도 간혹 있다. 평소 자신의 말이나 생각을 의견, 경험, 감정, 가치관으로 구분하는 사람은 드물기 때문에 처음부터 완벽하게 나누기는 어렵다. 다만 자신의 인지를 4가지 항목으로 구분해야 한다는 점은 확실하게 기억해두자.

2) 경험

경험란에는 '의견을 갖는 데 영향을 준 일'을 쓰면 된다. 의견에 대한 근거라고 봐도 좋다. 읽거나 들어서 알게 된 점도 경험에 해당한다. 가능하면 추상적인 경험보다는 날짜까지 구체적으로 밝힐 수 있는 경험이어야 감정이나 가치관을 찾아내기 쉽다.

3) 감정

'경험과 지식에 대해 어떤 감정이 들었는지'를 밝히면 된다. 크게 긍정적이거나 부정적인 감정으로 나눌 수 있다. 감정을 물으면 의견을 섞어서 말하는 사람이 많은데 의견과 감정은 확실하게 구분해야 한다.

감정을 언어로 표현하는 데 익숙하지 않은 사람도 많다. 적합한 단어가 떠오르지 않을 때는 일단 긍정적 혹은 부정적 감정 중 하나를 선택해두자. 자신의 감정에 딱 들어맞는 표현을 찾고 싶을 때는 그림1-6에 나오는 감정 바퀴(34쪽)를 활용해도 좋다.

간혹 일할 때 감정은 필요하지 않다며 감정에 대해 생각하기를 거부하는 사람이 있다. 그 사람이 왜 그러는 것인지 파악하기 위해 인지의 4가지 구성 요소를 활용하여 리플렉션을 해본 결과 '회사에서는 논리적이고 냉정한 판단이 요구되므로 감정을 드러내서는 안 된다'라는 가치관이 깔려 있었다. 감정이라는 단어에 부정적인 이미지를 가지고 있는 것이다.

하지만 그런 사람도 상사가 비전을 제시해주기를 원하고, 후배들은 좀더 의욕적이기를 바란다. 비전이 있어야 열정이 생기고, 열정이 있어야 의욕이 샘솟듯이 비전과 의욕은 감정과 떼려야 뗄 수 없는 관계다. 직장에서는 되도록 감정을 숨겨야 한다는 생각은 오해다.

세계적인 신경과학자 안토니오 다마지오Antonio Damasio는 논리적 사고와 감정에 밀접한 관계가 있음을 밝혀냈다. 그는 1994년 미국의 과학 전문지《사이언스》에 철도 공사 중 일어난 사고로 전두엽의 기능을 잃은 피니어스 게이지Phineas P. Gage에 관한 연구 내용을 발표했다.

게이지는 사고를 당하기 전 성품이 온화했으나, 사고로 전두엽에

그림1-6 로버트 플러칙의 감정 바퀴

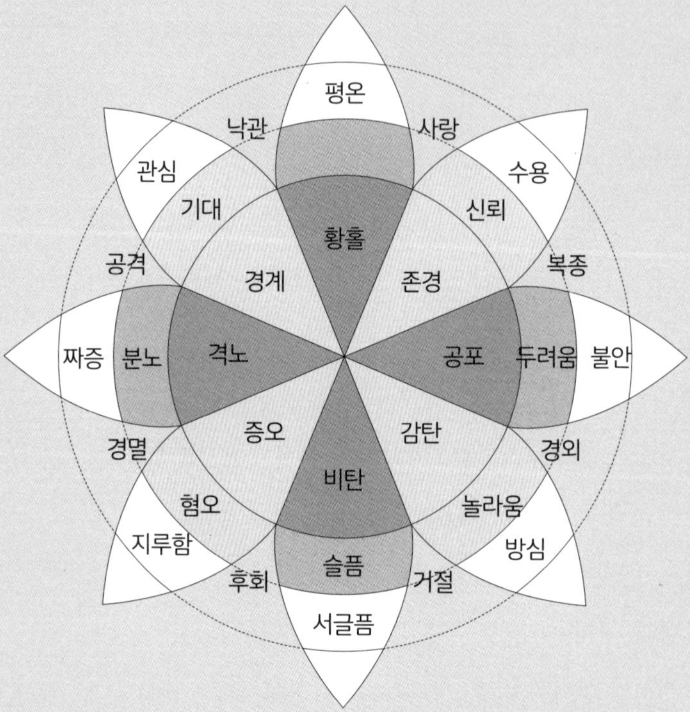

POINT

✚ 감정을 언어로 표현하기 어렵다면 감정 바퀴에서 자신의 감정과 가장 가까운 단어를 고르자.

✚ 원의 중심으로 갈수록 강한 감정을 나타낸다.

손상을 입은 뒤에는 성격이 크게 변했다. 충동적·폭력적으로 변한 그는 예전처럼 이성적으로 판단하거나 학습하지 못했다. 다마지오는 게이지의 두개골 촬영 사진과 일반적인 뇌의 MRI 사진을 비교하여 게이지의 뇌에서 손상된 부분이 감정을 관장하는 전두엽임을 증명해냈다. 이 연구는 인간의 사고와 감정이 직결되어 있음을 과학적으로 밝힌 이론으로 전 세계에서 인정을 받았다. '뉴로사이언스 & 클래스룸'Neuroscience & the classroom 홈페이지에도 우리의 뇌가 경험을 통해 어떻게 배우는지 설명돼 있다.

> 우리는 일상 속에서 다양한 결정을 내릴 때 과거의 경험을 지침으로 삼는다. 자신이 선택한 행동을 그때 느꼈던 감정을 토대로 바람직하거나 그렇지 않은 일로 구분한 뒤 뇌에 저장하면, 이 기억은 다음에 결정을 내릴 때 판단 기준이 된다. 또한 행동의 결과를 상상했을 때 일어나는 감정도 결정을 내리는 데 큰 영향을 미친다.

뇌 과학에서 발견한 사실이 보여주듯이 논리적 사고의 바탕에는 감정이 있다. 인지의 4가지 구성 요소로 설명하자면 경험에는 감정이 얽혀 있고, 감정에는 의견을 갖게 된 배경인 가치관이 연관되어 있다. 따라서 감정에 관심을 두지 않고 판단을 내리는 것은 사실 매우 위험한 일이다.

자신이 소중하게 여기는 가치관이 인정받으면 기분이 좋아지고, 반대로 무시당하면 부정적인 감정이 되듯이 가치관과 감정은 서로 밀접하게 연결돼 있다.

4) 가치관

인지의 4가지 구성 요소 중에서 가장 정의 내리기 어려운 항목이 가치관이다. 가치관에는 판단 기준이나 척도, 관점도 포함된다. 어떤 의견을 갖게 된 배경에는 반드시 가치관이 존재한다. 하지만 추상적인 개념이다 보니 찾아내기가 쉽지는 않다. 42쪽의 키워드 리스트를 활용하여 자신의 가치관을 언어로 표현하는 습관을 들여보자. 가치관을 발견해내는 데 도움이 된다.

복습

- 효과적으로 리플렉션을 하기 위해서는 '인지의 4가지 구성 요소'를 활용하여 자신의 생각을 의견, 경험, 감정, 가치관으로 구분하는 연습을 해야 한다.
- 경험은 의견을 갖는 데 영향을 미친 일이나 의견에 대한 근거를 말한다.
- 의견을 갖게 된 배경에는 판단 기준이나 관점과 같은 가치관이 있다. 평소에 자신의 가치관을 언어로 표현하는 연습을 하자.
- 논리적 사고의 바탕에는 감정이 있다.

나를 알기

우리를 움직이게 만드는 것은 무엇일까. 리플렉션의 첫 번째 기본 방법인 '나를 알기'에서는 자신을 움직이게 하는 것, 즉 내재적 동기가 중심 주제다. 나를 움직이게 만드는 원천을 파악하면 힘든 상황에서도 의욕을 잃지 않고 일할 수 있다.

내재적 동기는 세계적인 작가 대니얼 핑크Daniel Pink가 주장한 '모티베이션 3.0'으로 더 유명하다. 대니얼 핑크는 당근이나 채찍과 같은 외재적 동기를 '모티베이션 2.0'이라고 부르며, 이제는 자신의 능력을 개발하고 창조성을 북돋아주는 내재적 동기인 '모티베이션 3.0' 시대가 올 거라고 예언했다.

최근에는 내재적 동기를 바탕으로 움직이는 자율경영self-management도 주목받고 있다. 자율형 조직을 연구한 프레더릭 라루Frederic Laloux도 저서 《조직의 재창조》에서 이제는 다른 사람에게 관리 받는 시대는 갔다고 말하며, 개개인이 조직의 목적이자 존재의 이유이고 이를 바탕으로 자율적으로 움직이는 조직이 중요하다고 강조했다. (자세한 내용은 256쪽 참고.)

동기의 원천을 파악하여 나만의 원칙 유지하기

'동기의 원천'이란 어떤 일을 할 때 보람과 기쁨을 느끼는 이유를 말한다. 같은 업무를 하거나 성격이 비슷해도 사람마다 보람이나 기쁨을 느끼는 지점은 다를 수 있다.

가령 팀 프로젝트가 성공했을 때를 예로 들어보자. 동료와 힘을 합쳐 한마음으로 일했다는 사실에 만족하는 사람이 있다면, 자신의 창의력을 마음껏 발휘할 수 있었던 점에 기뻐하는 사람도 있다.

불가능하다고 생각했던 목표를 달성해서 기쁜 사람도 있지만, 경쟁에서 이겼다는 사실 그 자체를 좋아하는 사람도 있다. 또 고객이 감사하다고 말해주는 것만으로도 충분한 사람이 있는가 하면, 회사에서 좋은 평가를 받아야만 만족하는 사람도 있다. 프로젝트가 성공했을 때 나는 왜 기뻐할까? 아직 그 이유를 잘 모르겠다면 지금부터 설명하는 '나를 아는 리플렉션'을 실천해보자. 내 동기의 원천을 명확하게 파악할 수 있다.

리플렉션을 통해 나를 움직이게 만드는 다양한 동기를 찾아 목록으로 정리해두자.

동기의 원천을 알면 리더십도 기를 수 있다. 동기의 원천은 그 사람의 인성을 대변하고 다른 사람의 마음을 끌어당기는 힘이 되기 때문이다. 나를 움직이게 하는 동기의 원천을 파악해서 항상 의욕적으로 행동할 수 있다면 어떤 상황에서도 흔들리지 않고 원칙을 유지하는 리더가 될 수 있다.

실전
나를 아는 리플렉션

한 번도 동기의 원천을 의식하거나 표현한 적 없다고 해도 우리의 마음은 이미 모든 것을 알고 있다. 동기의 원천이 충족되면 기쁨과 보람을 느끼고 그렇지 않으면 부정적인 감정이 된다.
나를 아는 리플렉션에서는 '내가 왜 그런 감정이 되었는지'를 집중적으로 분석한다. 내 감정이 가리키는 주제에 대해 리플렉션하면 무의식에 자리한 내 동기의 원천이 가치관으로 드러나기 때문이다.
아래의 4가지 리플렉션을 통해 자신이 소중하게 여기는 가치관을 언어로 표현해서 나를 움직이게 만드는 동기의 원천이 무엇인지 찾아보자.

- 키워드 리스트를 활용한 리플렉션
- 일상적인 경험에 대한 리플렉션
- 부정적인 일에 대한 리플렉션
- 인생 그래프를 활용한 리플렉션

키워드 리스트를 활용한 리플렉션

다음에 있는 키워드 리스트(42쪽) 안에서 내가 가장 중요하다고 생각하는 가치관을 하나 골라 '인지의 4가지 구성 요소'로 나눠서 질문해보자.

예를 들면 키워드 리스트 안에서 '도전'이라는 단어를 선택했다고 하자. '도전'이라는 키워드 자체도 자신의 성향을 드러내주지만 이를 인지의 4가지 구성 요소로 리플렉션하면 '적극적인 사고방식, 불가능을 향한 도전'이라는 가치관이 드러나서 자신의 성향을 좀 더 구체적으로 표현해준다. 리스트에서 '도전'을 고른 나는 적극적인 자세로 임할 수 있는 업무가 주어지거나, 불가능하다고 여겨질 만큼 어려운 임무가 맡겨지면 의욕적으로 변하는 사람이라고 볼 수 있다.

물론 '도전'이라는 단어와 연관된 경험과 가치관은 사람마다 다르다. '도전'을 '성장'과 연결지어 생각하는 사람도 있고, 단순히 모험을 좋아해서 '도전'을 선택한 사람도 있기 때문이다. 똑같이 '도전'이라는 단어를 고르더라도 여기서 확인되는 동기의 원천은 각각 다를 수 있다.

이 활동은 여러 사람이 함께하기를 추천한다. 우선은 따로 내용을 작성한 다음 다같이 결과를 공유하자. 나와 다른 키워드를 고른 사람의 이야기와, 키워드는 같지만 서로 다른 의미를 붙인 사람의

키워드를 통해 동기의 원천 발견하기

가장 중요하다고 생각하는 키워드를 선택해서 인지의 4가지 구성 요소로 리플렉션 해보자.

키워드 리스트

균형 잡힌 생활/ 직장에서의 행동/ 도전/ 용기와 배짱/ 업무 성과
사회 문제/ 명예와 성공/ 권력과 영향력/ 정직함/ 자기 이해/ 열린 마음
좋은 인간관계/ 근면성/ 혼자만의 시간/ 명상/ 다른 사람을 돕는 것
일 자체에서 얻는 즐거움/ 효율성/ 물질적 풍요로움/ 자립과 독립
일의 질/ 호기심/ 정신적인 것/ 미래지향적 태도
다양한 분야에 걸친 관심/ 전문 분야에서 받는 평가/ 창조성과 독자성
지도와 육성/ 신조/ 진실 추구/ 성장과 학습

인지의 4가지 구성 요소로 분석하기 예시	
의견	**어떤 키워드를 골랐는가?** 도전
경험	**그 키워드가 중요하다고 생각하게 된 경험은 무엇인가?** 신입사원 때 중요한 프로젝트팀에 들어갔다. 나는 보조 역할로, 팀원으로 뽑힌 선배들은 모두 유능한 분이어서 매일 배울 점이 넘쳐났다. 어려운 프로젝트라 과제가 산더미 같았지만 선배들은 하나씩 과제를 해결하면서 성과를 올렸다. 위기 상황에 빠졌을 때도 선배들이 절대 뒤를 돌아보지 않는다는 것이 특히 흥미로웠다. 그러다 보면 어느새 위기에서 벗어나 있었다. 프로젝트가 끝날 때까지 그 과정이 되풀이되었다.
감정	**어떤 감정이 들었는가?** 자랑스러움, 두근거림과 설렘.
가치관	**위 경험을 통해 알 수 있는 나를 움직이게 하는 중요한 가치관은 무엇인가?** 적극적인 사고방식, 불가능을 향한 도전.

이야기를 듣다 보면 타인을 깊이 이해할 수 있을 뿐 아니라 자신의 성향도 더 분명하게 인식할 수 있다.
자신이 중요하게 생각하는 가치관을 찾아냈다면 이를 동기의 원천으로 보고 종이에 적어두거나 컴퓨터 파일로 정리해두자.
의욕이 떨어질 때마다 한 번씩 꺼내 보면서 마음을 다잡으면 다시 열심히 일할 수 있다.

일상적인 경험에 대한 리플렉션

일상생활 속에서도 동기의 원천을 발견할 기회는 많다. 어떤 일로 기분이 좋았거나 나빴다면 이는 동기의 원천을 찾아낼 기회가 왔다는 뜻이다. 감정의 변화를 이끌어낸 경험은 리플렉션의 좋은 소재가 된다. 특히 어떤 일로 보람을 느꼈다면 아주 쉽게 동기의 원천을 발견할 수 있다. 일상 속 경험을 소재로 정기적으로 리플렉션을 하면서 자신을 더 깊이 이해해보자.

의견 보람을 느꼈던 경험 한 가지를 떠올려보자.

☞ 회사에서 거래를 성사시킨 일.

경험 그것은 어떤 경험이었는가?

☞ 처음으로 큰 거래를 성사시켰다. 상사가 가르쳐준 대로 끝까지 고객을

정중하게 대한 성과다. 처음으로 거래하는 상대여서 회사에서 왜 내게 이 일을 맡겼나 싶어 부담스럽기도 했지만 팀원들이 모두 응원해준 덕분에 성과를 올릴 수 있었다.

감정 어떤 감정이 들었는가?

☞ 기쁨, 성취감.

가치관 이를 미루어볼 때 당신이 중요하게 생각하는 가치관은 무엇인가?

☞ 협력, 동료, 감사.

이처럼 보람을 느꼈던 일, 감정에 변화를 이끌어낸 경험이 있다면 잊지 말고 리플렉션을 해보자. 단순히 '거래를 성사시켜서 보람을 느꼈다'처럼 감정을 확인하는 데만 머무르지 말고 **왜 그런 감정을 느꼈는지 이유를 탐구하는 습관을 들이면 자신이 소중하게 여기는 가치관을 알아낼 수 있다.**

부정적인 일에 대한 리플렉션

화가 나고 짜증이 날 때는 의욕이 떨어지기 마련이다. 이럴 때는 지금 내가 왜 불쾌한 감정을 느끼는지 스스로에게 물어보자. 꾸준히 반복하면 부정적인 경험도 동기의 원천을 발견해낼 기회가 된다. 또 감정을 추스르고 냉정을 되찾는 데도 도움이 된다.

의견 최근 화가 나거나 부정적인 감정이 들었던 경험을 한 가지 떠올려보자.

☞ 회사에서 갑자기 계획을 변경한 일.

경험 그것은 어떤 경험이었는가?

☞ 회사에서 갑자기 계획을 변경하는 바람에 하던 일이 중단됐다. 최선을 다해 공들여 진행했던 일이라 아쉬움이 컸다. 3개월만 지나면 성과를 낼 수 있었는데 도대체 왜 계획을 바꿨는지 이해가 안 된다.

감정 어떤 감정이 들었는가?

☞ 억울함.

가치관 이를 미루어볼 때 당신이 중요하게 생각하는 가치관은 무엇인가?

☞ 성과와 실적, 일관성, 경영자의 책임감 있는 자세.

의외로 기쁜 일보다는 억울하고 화나는 부정적인 일을 되돌아볼 때 자신이 우선시하는 가치관을 쉽게 발견할 수 있다. 파란 하늘을 보고 오늘은 날씨가 좋다며 기분이 좋아질 때는 별다른 이유 없이 행복감을 느끼기 때문이다. 이 경우 동기의 원천이 되는 가치관을 찾아내기가 어렵다. 하지만 누군가 약속을 어겨서 짜증이 났다면 기분 나쁜 이유가 명확하게 드러난다. 자신은 '약속'이라는 가치를 소중하게 여기는 사람이기 때문이다. 이처럼 부정적인 감정 변화는 자신을 알 수 있는 좋은 기회이므로 내가 왜 이런 기분이 되었는지 반드시 짚고 넘어가자.

인생 그래프를 활용한 리플렉션

경력 개발이나 리더십 연수에 참여하면 인생 그래프를 그릴 때가 있다. 인생 그래프란 가로축에는 나이와 시간을, 세로축에는 감정이나 행복도를 설정하고 지금까지 내가 걸어온 인생에서 인상적이었던 순간을 기록해보는 활동이다. 그래프를 그려보면 누구든 오르막과 내리막이 있는 굴곡이 나타난다.

인생 그래프를 그리고 오르막이나 내리막이 시작되는 전환점을 찾아보자. 전환점에서 겪었던 긍정적이거나 부정적인 경험을 떠올려서 리플렉션을 해보자. 다양한 동기의 원천을 발견할 수 있다.

여러 번 리플렉션을 하다 보면 반복해서 등장하는 가치관이 있다. 이는 다양한 가치관 중에서도 내가 특히 소중히 여기는 가치관이다.

평소에 '나를 아는 리플렉션'을 자주 해서 나의 동기의 원천을 목록으로 만들어두자. 의욕이 떨어지거나 일의 의미를 찾지 못할 때 다시 기운을 낼 실마리를 찾을 수 있다. 또한 동기의 원천과 일을 묶어서 생각하는 습관을 들이면 회사나 상사의 도움 없이도 열정적으로 일할 수 있고 힘든 환경에서도 꾸준히 성장할 수 있다.

복습

- 긍정적이거나 부정적인 감정이 되었을 때 내가 왜 그런 기분이 되었는지 스스로에게 물어보면서 리플렉션을 해보자.
- 리플렉션을 통해 발견한 동기의 원천은 목록으로 작성해두자.
- 동기의 원천을 활용해서 보람과 행복을 느낄 수 있는 기회를 늘리자.

비전 세우기

나를 움직이게 하는 동기의 원천을 알아냈다면 다음은 비전을 세우기 위한 리플렉션에 도전해보자. 지금까지 찾은 동기의 원천이 미래의 목적과 비전을 발견할 원동력이 된다. 마음속에 있는 비전의 씨앗과 동기의 원천을 한데 묶어서 생각하면 내가 이루고 싶은 일이 무엇인지 알 수 있다.

목적과 비전은 미래에 대한 내 생각과 계획이다. '비전'이라고 해서 꼭 커다란 목표를 생각할 필요는 없다. '고객에게 좀더 친절해지고 싶다'거나 '건강하게 살고 싶다' 같은 소소한 바람도 포함된다. **내가 이루고 싶은 일이라면 모두 비전에 속한다.**

부정적인 감정에서 비전의 씨앗 찾기

비전을 세우기 위한 리플렉션에서는 부정적인 감정에 초점을 맞추고 '인지의 4가지 구성 요소'를 통한 분석을 활용한다.
동기의 원천, 즉 자신이 소중하게 생각하는 가치관이 부정당하면 불만이 생기고 문제의식을 품게 된다. 때로는 분노를 느끼기도 한다.
이때 마음속에서는 문제가 해결된 이상적인 모습을 상상하고 그것이 실현되기를 바란다. 이것이 바로 비전의 씨앗이다.
마음속에 있는 비전의 씨앗을 밖으로 드러내서 진짜 비전으로 바꾸는 것이 리플렉션의 목적이다.
동기의 원천과 일맥상통하는 비전을 세우면 현재 상황을 바꾸고 싶거나 현실과 이상의 차이를 좁히고 싶다는 강한 열망이 생겨서 인간의 잠재 능력이 커진다. 내재적 동기가 창의력을 자극하고 어려움을 극복할 힘을 주는 것이다.
이 힘을《학습하는 조직》에서는 '창조적 긴장'이라고 부른다. '뜻이 있다, 신념이 있다, 자기 것으로 만든다, 책임 의식이 있다'는 말은 모두 창조적 긴장이 우리를 적극적으로 움직이게 만들 때 쓰는 표현이다.

내 앞에 놓인 일에 좀더 집중하고 싶다면 지금부터 소개하는 리플렉션을 통해 비전을 명확하게 세우자.

그림1-7 창조적 긴장

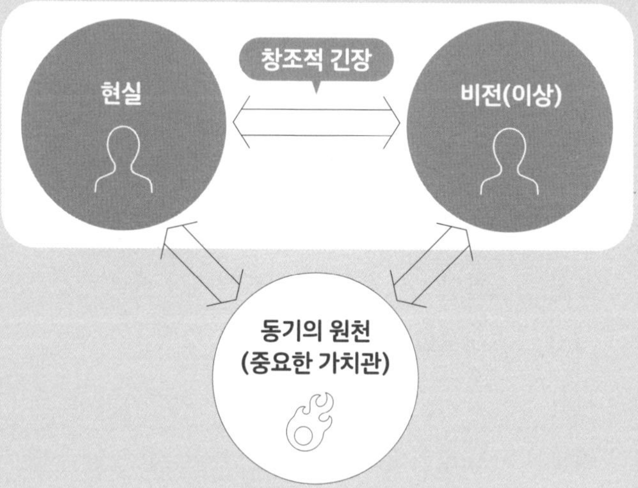

창조적 긴장이란
현실과 이상의 차이를 좁히기 위해 발휘되는 강한 내재적 동기. 창조적 긴장이 높아지면 창의력이 커진다.

명확한
비전 세우기

이루고 싶은 일을 주제로 리플렉션 하면 자신이 바라는 모습과 내가 어떤 가치관을 우선시했는지 알 수 있다. 아직 뚜렷한 비전이 없다면 개인적으로 바라는 일이나 업무상 달라졌으면 하는 일을 소재로 해도 좋다.

비전을 세우는 리플렉션

의견 현재 이루고 싶은 일은 무엇인가?

☞ 리플렉션이 누구에게나 당연한 습관이 되길 바란다.

경험 그 의견의 배경에는 어떤 경험이나 지식이 있는가?

☞ 과거의 성공 경험에만 매달리는 사람과는 미래 지향적인 논의를 하기 어려웠다. 그들은 과거에만 집착해서 앞으로 나아가지 못했고 이상을 실현할 수도 없었다. 현상 유지는 곧 도태를 의미하는데 계속 같은 자리에서 맴돌 뿐이었다.

감정 그 경험에는 어떤 감정이 얽혀 있는가?

☞ 안타까움, 초조함.

가치관 이를 미루어 볼 때 당신이 중요하게 생각하는 가치관은 무엇인가?

☞ 경계선을 뛰어넘기, 긍정적인 변화 만들기.

동기의 원천인 가치관과 이루고 싶은 비전이 합쳐지면 이는 자신을 움직이게 만드는 커다란 힘이 된다. 위기가 닥쳐도 포기하지 않는 열정이 샘솟는 것이다. 이 에너지를 활용하면 어떤 어려움도 헤쳐나갈 수 있다.

외부의 비전을 자기 것으로 만드는 법

직장인들은 회사에서 정해주는 일이나 비전을 묵묵히 따라야 하는 경우도 많다. 하지만 주어진 일도 자신의 동기의 원천과 연결지어 생각하면 훨씬 즐겁게 일하면서 잠재력도 발휘할 수 있다.
지금부터는 외부의 목적과 비전을 자기 것으로 만들고, 성공했을 때의 모습을 구체적으로 그려보는 리플렉션을 소개한다.

지금 하는 일에 대한 리플렉션

지금 하는 일에 대해서 아래의 10가지 질문에 답해보자.

주제 지금 어떤 일을 하고 있는가?

목적과 비전 그 일을 통해 무엇을 이루고 싶은가?

동기의 원천과 연결하기 그 일은 당신에게 어떤 의미를 갖는가?

경험 이와 관련된 경험이나 지식은 무엇인가? (동기의 원천과 관련된 경험)

감정 그 경험에는 어떤 감정이 얽혀 있는가?

가치관 이를 미루어 볼때 당신이 소중하게 생각하는 가치관은 무엇인가? (그 동기의 원천이 나에게 중요한 이유, 경험이나 감정과 연관된 가치관)

수익자 그 일을 성공하면 누가 이익을 얻는가?

이익의 형태 그 일을 성공하면 수익자는 어떤 이익을 얻는가?

영향 그 일을 성공하면 회사에는 어떤 변화가 일어나는가? ('회사'는 주제에 따라 '가족, 지역, 공동체, 팀, 조직' 등으로 바꿀 수 있다.)

평가 기준 그 일의 성패는 무엇으로 판단 할 수 있는가? (반드시 이뤄내야 할 목표나 판단 기준 등)

지금 내가 하는 일을 가지고 나는 무엇을 이루고 싶으며 그것이 왜 중요한지 묻다 보면, 설령 그 일을 자신이 선택하지 않았더라도 내 것으로 만들 수 있다. 다소 규모가 큰 일이라면 10가지 질문에 대답하는 동안 두근거림과 긴장감을 동시에 느낄 것이다. 인지의 4가지 구성 요소를 활용하여 리플렉션을 하면 자신이 소중하게 여기는 가치관을 알 수 있다. 가치관이 뚜렷해지면 모든 일을 자기 것으로 만드는 데 큰 도움이 된다. 비전을 동기의 원천과 연결 짓고 그 일을 왜 해야 하는지 자신만의 언어로 말할 수 있다면, 주위 사람들이 깜짝 놀랄 만큼 일에 대한 태도가 180도 달라진다.

연습

지금 하고 있는 일에 대한 리플렉션

지금 하고 있는 일에 대해서 아래의 10가지 질문에 대답해보자.

주제	**지금 어떤 일을 하고 있는가?** 리플렉션을 연구하고 많은 사람에게 알리는 일.
목적과 비전	**그 일을 통해 무엇을 이루고 싶은가?** 모든 사람이 리플렉션 하는 습관을 지니면 좋겠다.
동기의 원천과 연결하기	**그 일은 당신에게 어떤 의미를 갖는가?** 문제를 해결하고 오늘보다 나은 내일을 만들 수 있다.
경험	**이와 관련된 경험이나 지식은 무엇인가?** 유학 시절, 비즈니스 스쿨에서 '미국은 왜 일본에 졌는가'에 대한 리플렉션을 한 적이 있다. 거기서 일본식 경영의

	강점을 배웠는데 돌아와 보니 정작 일본 기업은 자신들의 경영 방식을 버리고 점점 경쟁력을 잃어갔다. 게다가 왜 미국을 이길 수 있었는지 리플렉션을 하지 않았기 때문에 자신들의 경쟁력도 깨닫지 못했다.
감정	**그 경험에는 어떤 감정이 얽혀 있는가?** 놀라움, 안타까움.
가치관	**이를 미루어볼 때 당신이 소중하게 생각하는 가치관은 무엇인가?** 현명함, 겸손함, 학습과 발전.
수익자	**그 일을 성공하면 누가 이익을 얻는가?** 사람들, 기업, 사회, 아이들.
이익의 형태	**그 일을 성공하면 수익자는 어떤 이익을 얻는가?** 사람들: 자신의 잠재 능력을 발휘할 수 있다. 기업: 경쟁력을 갖추고 사회에 공헌할 수 있다. 사회: 사회 발전에 필요한 리플렉션과 대화가 늘어난다. 아이들: 더 나은 사회에서 살 수 있다.
영향	**그 일을 성공하면 회사에는 어떤 변화가 일어나는가?** 사람들: 자기효능감과 행복도가 올라간다. 기업: 성장이 빨라진다. 사회: 비전이 세워진다. 아이들: 사회를 바꿀 수 있는 인재가 늘어난다.
평가 기준	**그 일의 성패는 무엇으로 판단 할 수 있는가?** 리플렉션과 대화를 활용하는 사람과 조직이 늘어나고 성공 사례가 많아지는 것.

소소한 비전들이 지니는 의미

앞에서 비전은 미래에 대한 내 생각과 계획이라고 말했다. 비전이라고 하면 꼭 커다란 무언가를 떠올리는 사람이 많은데, 사실 세상을 바꿀 만큼 커다란 비전도 필요하지만 반경 5미터 안에서 생겨나는 소소한 비전들도 중요하다.

예를 들면 회의 중에 다들 입을 꾹 다물고 말하지 않는 상황에 불만이 생겼다고 하자. 그래서 마음속으로 모두가 솔직하게 자신의 의견을 말해주길 바랐다면 그 안에는 미래를 바꿀 비전이 들어 있는 것이다. 여기서 더 나아가 비전을 실현하기 위해 회의의 분위기를 바꾸려고 노력한다면 모두가 머뭇거리지 않고 거침없이 말하는 회의가 될지도 모른다.

일상생활 속에서 불만이 생긴다면 지금 내가 왜 위화감과 불편함을 느끼는지 자문해보자. 그리고 충족되지 않는 동기의 원천이 무엇인지 확인하자. 내 안에 있는 바람과 그 너머에 있는 비전을 찾을 수 있다.

성공의 비결은 '동기의 원천'에 있다

이번에는 규모가 큰 기업가의 비전을 살펴보자. 기업가의 비전은 제품이나 서비스의 형태로 드러나는 경우가 많아서 우리 주변의 사물을 통해서도 엿볼 수 있다.

지금은 시가총액 2조 달러에 달하는 구글에도 창업기가 있었다. 구글은 스탠퍼드대학교에서 공부하던 래리 페이지Larry Page와 세르게이 브린Sergey Brin이라는 두 사람이 설립한 회사다.

당시에는 검색엔진 서비스가 IT 업계에서 큰 주목을 받지 못했다. 날아다니는 새도 떨어뜨릴 기세였던 마이크로소프트 사의 빌 게이츠도 검색엔진 서비스에는 흥미를 느끼지 못했다. 그런데도 래리와 세르게이가 검색엔진 개발에 공을 들인 데에는 두 사람의 동기의 원천이 큰 작용을 했다.

초창기에 검색엔진 서비스는 TV 광고와 같은 방식으로 운영됐다. 이용자가 정보를 검색하면 가장 많은 광고료를 지급한 회사의 자료를 제일 먼저 보여주는 식이다. 래리와 세르게이는 이 점에 강한 불만을 가졌다.

두 사람은 모두 과학자 집안에서 자랐고 자신들도 대학교에서 공학을 전공했기에 상업주의에 의해 정보가 조작되는 상황을 받아들이지 못했다. 광고료가 검색 내용을 결정한다면 아픈 엄마를 위한 약을 찾는다고 할 때 과연 정확한 정보를 만날 수 있을까? 래리와 세르게이는 기존의 검색엔진 서비스를 당연하게 받아들이는 세상이 잘못됐다고 외쳤다. 이것이 민주적인 검색엔진 서비스, 구글이 탄생하게 된 배경이다.

모든 기업의 성공담에는 동기의 원천과 맞닿아 있는 '현실과 이상의 차이', 그리고 이상을 실현하고픈 창업자의 '창조적 긴장'이

그림1-8 구글의 비전

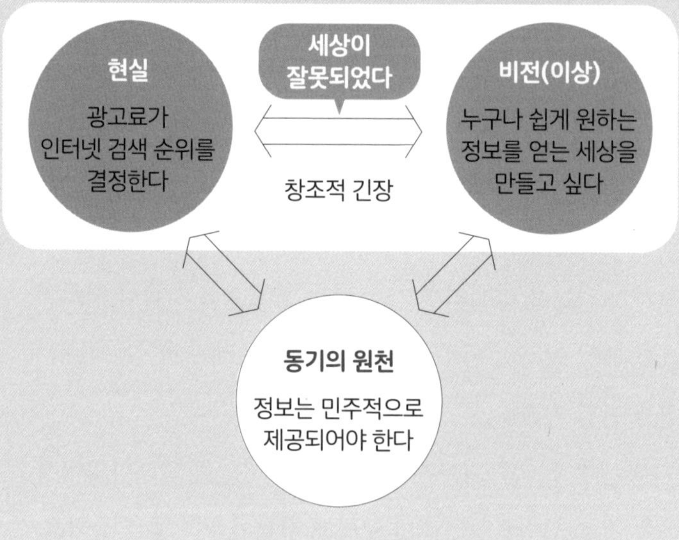

숨어 있다. 현실과 다른 미래를 꿈꾸는 마음 안에는 그 사람의 동기의 원천이 깔려 있는 것이다.

직원들에게 조직의 비전을 심어주는 방법

지금까지는 개인의 비전을 주제로 동기의 원천과 창조적 긴장이 어떻게 작용하는지 설명했다. 이제부터는 기업의 입장에서 직원들에게 조직의 비전을 심어주기 위해서는 어떻게 리플렉션을 활용해야 하는지 살펴볼 것이다.

기업에서는 직원들에게 조직의 비전을 알리기 위해 다양한 노력을 한다. 경영자와 함께하는 대화나 비전 설명회 자리를 마련하기도 한다. **하지만 직원들에게 회사의 비전은 어디까지나 형식적으로 인식될 때가 많다.** 직장인이라면 누구나 공감할 것이다. 그래서 리더는 직원들에게 비전을 심어주지 못해서 늘 전전긍긍한다. 왜 회사의 많은 노력에도 불구하고 직원들은 조직의 비전을 마음에 새기지 못할까.

답은 간단하다. 회사의 비전이 개인의 동기의 원천과 어긋나기 때문이다. 회사가 이루고 싶은 목표와 이를 위해 직원들에게 어떤 점을 기대하는지 설명만 해서는 직원들의 마음을 얻을 수 없다. 회사의 비전이 직원 한 사람 한 사람의 마음에 자리 잡기 위해서는 먼저 직원들 개개인의 리플렉션이 필요하다. 앞에서 살펴본 '지금 하는 일에 대한 리플렉션'을 통해 조직의 비전과 자신의 동기의 원천을 연결 짓는 과정을 거쳐야 한다.

"비전의 실현은 당신에게 어떤 의미인가?"
"당신은 왜 그 비전을 실현하고 싶은가?"
"당신의 동기의 원천은 그 비전과 어떻게 연결되어 있는가?"

위와 같은 질문에 직원들 모두가 자신만의 언어로 대답할 수 있어야 조직의 비전은 비로소 개개인의 마음에 자리 잡는다.
회사의 비전을 직원들에게 심어주려면 비전의 출발점을 회사로 생각해서는 안 된다. 직원들 한 사람 한 사람의 비전이 모여서 회사 전체의 비전을 지탱해주기 때문이다.
직원들이 나는 무엇을 이루고 싶은지 그 일이 나에게 어떤 의미를 갖는지를 이해하고 자신의 동기의 원천을 명확하게 정리하면 회사의 비전이 곧 개인의 비전이 될 수 있다. 이렇게 되면 회사의 비전은 조직을 움직이는 하나의 거대한 힘으로 작동한다.

창조적 긴장이 높아지면 위기를 극복할 기지가 발휘된다

자신의 비전을 명확하게 세우면 현실을 바꾸고 싶은 열망이 커진다. 앞에서도 말했지만 이처럼 현실과 이상의 차이를 좁히기 위해 발휘되는 힘을 '창조적 긴장'이라고 부른다.

창조적 긴장은 우리가 의식하지 않으면 소용이 없다. 잠들어 있는 창조적 긴장을 깨우기 위해서는 먼저 '지금 하는 일에 대한 리플렉션'을 해야 한다. 리플렉션을 통해 자신만의 비전을 세우면 창조적 긴장이 생겨나면서 잠재 능력이 빛을 발하고 문제 해결에 대한 의지가 강해진다. 그래서 평소에는 생각지도 못했던 기발한 아이디어가 떠오르고 위기를 뛰어넘는 기지가 발휘된다.

일본을 대표하는 기업 교세라그룹의 창업자 이나모리 가즈오稲盛和夫는 난관에 봉착했을 때 불현듯 떠오르는 아이디어를 '신의 속삭임'이라고 표현했다. 이는 진심으로 자기 일에 몰두하는 사람에게만 주어지는 하늘의 선물로, 결코 우연의 산물이 아니라고 했다.

그의 책《왜 리더인가》(다산북스, 2021)에는 그가 개발자로 일했던 시절의 일화가 나온다. 당시 그는 브라운관 TV의 절연 부품을 만들기 위해 세라믹을 연결할 재료를 찾고 있었다. 어느 날 그는 누군가 바닥에 두고 간 실험용 왁스를 밟고 미끄러졌다. 누가 이런 곳에 왁스를 두었냐고 소리치려던 찰나 그는 신발 바닥에 붙은 왁스에 눈이 꽂혔다. 그가 여태껏 찾아 헤맸던 소재가 왁스였던 것이다. 이나모리 가즈오는 그때 신의 속삭임을 들었다고 한다. 창조적 긴장이 발휘된 상태로 비전을 실현하기 위해 진심으로 몰두하는 사람에게만 주어지는 하늘의 선물 말이다.

오므론의 창업자 다테이시 가즈마立石一真도 자신이 찾아 헤매던 대답을 만났을 때가 인생의 결정적 순간이었다고 표현했다. 당시 지하철 자동개표기를 개발 중이던 오므론에서는 다양한 각도로 투입되는 표의 방향을 어떻게 정렬해야 할지 몰라 애를 먹고 있었다. 그런데 개발 담당자가 낚시를 하러 갔을 때 결정적 순간이 찾아왔다. 강물에 떠내려오던 대나무잎이 돌에 부딪히면서 가볍게 방향을 바꾸는 모습을 보고 표를 정렬할 방법이 떠올랐던 것이다. 그는 투입구 앞쪽에 네모난 나뭇조각을 설치해서 표를 세로로 정렬하는 데 성공했다. 대나무잎과 만났던 결정적 순간이 자동개표기를 개발할 수 있도록 이끈 것이다.

만약 개발자가 평소처럼 별생각 없이 대나무잎을 바라봤다면 과연 그 순간 잎에서 표를 연상해낼 수 있었을까? 이는 모두 하늘의 선물을 놓치지 않을 만큼 창조적 긴장이 높아져 있었던 덕분이었다.

이처럼 창조성은 '해야만 한다'가 아니라 '해내고 싶다'는 강한 열망이 전제되어야 꽃을 피운다. 강한 열망이 창조적 긴장을 높여준 덕택에 그토록 찾아 헤매던 해결책을 만난 것이다.

창조적 긴장을 깨우기 위해서는 동기의 원천이 먼저 움직여야 한다. 자신이 소중히 여기는 가치관인 동기의 원천이 불빛을 비춰주어야 현실에 대한 불만이 생겨나고 자신이 바라는 이상을 꿈꾸게 된다. 현실과 이상의 차이를 발견하고 이를 어떻게 좁혀 나갈지 고민할 때 대답과 만나는 '결정적 순간'이 찾아온다.

리플렉션을 통해 동기의 원천과 이어지는 나의 비전을 명확하게 세우자. 일상에서 일어나는 여러 가지 일을 동기의 원천과 연결지어 생각하면 기쁨과 보람을 느낄 수 있다. 현실과 이상의 차이를 좁힐 방법이 도무지 떠오르지 않는다면 리플렉션을 반복해보자. 문제를 해결할 실마리를 찾을 수 있다.

창조적 긴장을 활용하여 비전을 실현하는 과정 속에서 우리는 다양한 시행착오를 겪게 된다. 이제부터는 그 과정에서 빼놓을 수 없는 '경험에서 배우는 리플렉션'을 알아보자.

복습

- 리플렉션을 통해 비전을 세우고 동기의 원천을 이상을 실현할 원동력으로 쓰자.
- '지금 하는 일에 대한 리플렉션'을 하면 어떤 일이든 내 것으로 만들 수 있다.
- 현실과 이상의 차이를 좁혀주는 힘인 '창조적 긴장'을 활용해서 비전을 실현하자.

경험에서 배우기

목적과 비전이 동기의 원천과 하나로 이어지면 꿈을 이루고 싶은 열정이 샘솟는다. 하지만 이상을 실현하는 데까지는 수많은 난관이 기다리고 있다. 이를 뛰어넘으려면 '경험에서 배우는 리플렉션'이 필요하다.

리플렉션과 반성은 다르다

먼저 짚고 넘어가야 할 부분이 있다. 리플렉션과 반성은 다르다는 점이다. 둘 다 경험을 되돌아보는 행위는 맞지만 돌아보는 목적이 다르다.

기억을 더듬어서 반성했던 경험을 한 번 떠올려보자. 잘못을 저질렀을 때 자신의 말과 행동을 돌아보는 반성은 우리의 마음을 무겁게 만든다. 또 책임을 추궁당하거나 자신에 대한 평가가 떨어지는 바람에 좌절감을 느끼기도 한다.

하지만 리플렉션의 목적은 경험에서 깨달음을 얻고 이를 미래에 활용하는 것이다. 리플렉션의 바탕에는 **성공이든 실패든 경험했기에 알았고 깨달았다**는 믿음이 깔려 있다. 우리는 효과적인 리플렉션을 통해 성공이나 실패를 맛본 경험에서 가치 있는 지식을 발견해내고 어제보다 나은 내가 될 수 있다.

이를 위해서는 실패를 긍정적인 눈으로 바라보는 힘이 필요하다. 실패에서 벗어나지 못하고 후회만 해서는 아무것도 달라지지 않기 때문이다. 실패가 두려워서 잘하는 일만 반복하면 문제가 발생해도 해결하지 못해서 성장도 발전도 없다.

어떤 일에 도전했다가 실패했을 때 좌절하고 후회만 할 것인지, 아니면 다음에는 할 수 있다는 가능성에 눈을 돌릴 것인지는 경험에서 어떤 깨달음을 얻느냐에 달려 있다. 다양한 경험을 가치 있는 지식으로 만들려면 '경험에서 배우는 리플렉션'을 익혀 두어야 한다.

그림1-9 리플렉션과 반성의 차이

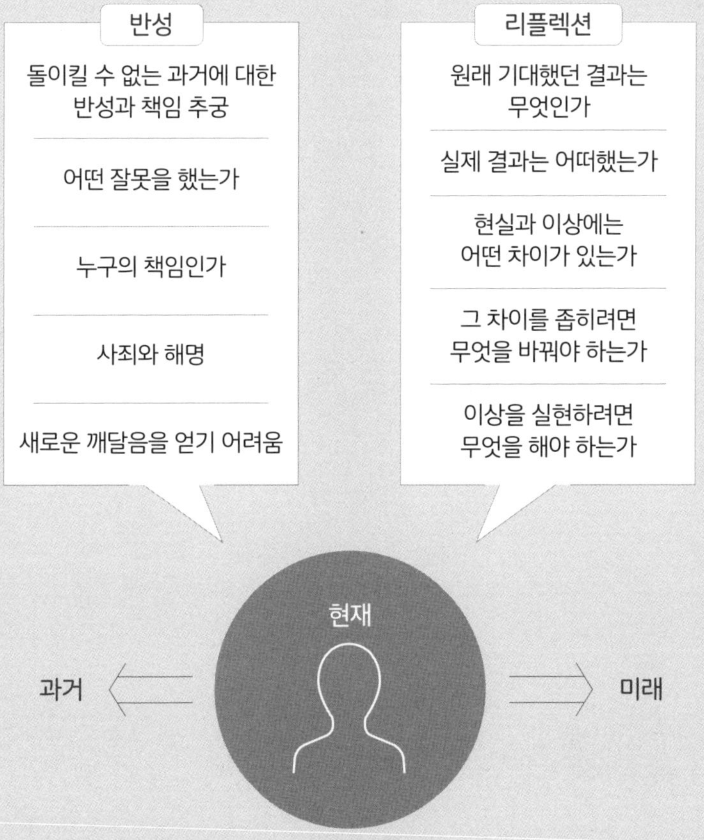

POINT

리플렉션은 과거의 경험을 미래에 활용한다.

자신의 내면을 리플렉션 해야 하는 이유

'경험에서 배우는 리플렉션'을 하려면 먼저 콜브Kolv의 경험학습 모형(그림1-10)을 알아야 한다. 경험학습 모형에 따르면 ①경험하기→②되돌아보기→③법칙 발견하기→④계획

그림1-10 콜브의 경험학습 모형

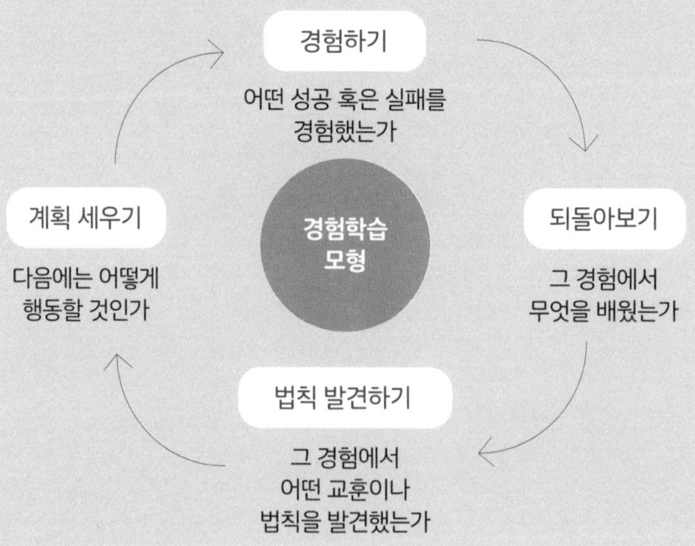

세우기의 과정을 반복하면 경험에서 깨달음을 얻는 능력이 올라간다. 여기서는 콜브의 경험학습 모형을 실천할 때도 인지의 4가지 구성 요소를 활용한다.

예전에 한 회사에서 매니저와 점장을 교육하는 일을 10년 정도 한 적이 있다. 그 회사는 경영 이념으로 '배움'을 내세울 만큼 직원들 교육에 적극적이었다. 그래서인지 다들 유능하고 배우려는 의욕도 넘쳐서 진지한 자세로 경험학습 모형을 배우고 실천했다.

모두 똑같이 경험학습 모형을 실천했는데도 성장하는 사람과 그렇지 못한 사람이 나뉘었다. 이유를 분석하는 과정에서 경험학습에는 4가지 단계가 있다는 점을 깨달았다. 낮은 단계에 머물러 있는 사람은 아무리 리플렉션을 반복해도 긍정적인 결과를 얻지 못했다.

그럼 지금부터 경험학습의 4가지 단계를 살펴보자.

1단계 결과에 대한 리플렉션

1단계는 일어난 일과 결과에 대한 리플렉션이다. 물론 사실을 정확하게 파악하기 위한 리플렉션은 매우 중요하다. 하지만 **리플렉션이 일어난 일과 결과를 되돌아보는 데서 그친다면 아무런 깨달음도 얻을 수 없다.**

2단계 다른 사람이나 환경에 대한 리플렉션

2단계는 다른 사람이나 환경에 대한 리플렉션이다. 아무리 오랜 시간 동안 리플렉션을 해도 원인을 외부에서만 찾는다면 미래를 바꿀 단서를 얻을 수 없다.

인재를 육성하기 위해 리플렉션을 하는 사람은 대부분 2단계에 머물러 있는 경우가 많았다. 아무리 가르쳐도 나아질 기미가 보이지 않는다며 고민하는 상사들은 대부분 문제의 원인을 아래 직원에게서 찾으려고 했다. 하지만 상황을 바꾸고 싶다면 시선을 나에게로 돌려야 한다. 나의 접근 방식이나 지도 방법에 문제가 없었는지부터 확인해야 한다.

3단계 행동에 대한 리플렉션

3단계는 자신의 행동에 대한 리플렉션이다. **자신의 행동을 돌아보고 그에 따른 결과를 살펴보면 다음에 어떻게 해야 할지 보이기 마련이다.** 하지만 아무리 자신의 행동을 곱씹어봐도 뾰족한 수가 떠오르지 않을 때가 있다.

경험을 되돌아보고 새로운 방법을 적용해도 문제가 해결되지 않는다면 행동의 바탕에 깔려 있는 나의 내면에 관심을 집중해야 한다.

4단계 내면에 대한 리플렉션

마지막 4단계가 바로 내면에 대한 리플렉션이다. **나의 행동의 바탕에 깔려 있는 생각을 인지의 4가지 구성 요소로 분석해보면 자신의 내면을 객관적으로 파악할 수 있다.** 경험에서 진정한 깨달음을 얻으려면 4단계에 해당하는 리플렉션을 실천해야 한다. 우리가 어떤 행동을 할 때는 '이렇게 하면 된다'는 생각이 깔려 있다. 특별히 의식하지 않아도 과거의 경험에서 얻은 지식이 매일 활용되는 것이다. 하지만 이따금씩 과거의 경험에서 얻어낸 성공 법칙이 통하지 않을 때가 있다. **그때는 이렇게 하면 잘되리라 예상했던 나의 내면을 되돌아봐야 한다.**

세상은 하루가 다르게 달라지고 있다. 바깥세상이 빠르게 변화할수록 자신의 내면을 돌아보는 습관이 더욱 중요해진다. 혼자서 모든 일을 해결하는 것은 불가능하며 다른 사람이나 환경을 깡그리 무시할 수는 없다. 하지만 다른 사람의 상황과 환경을 올바르게 이해했다면 '내 생각은 어떠했는지, 내 안의 무엇을 바꿔야 이상에 가까워질 수 있는지'를 고민해야 앞으로 나아갈 수 있다.

그림1-11 리플렉션의 단계

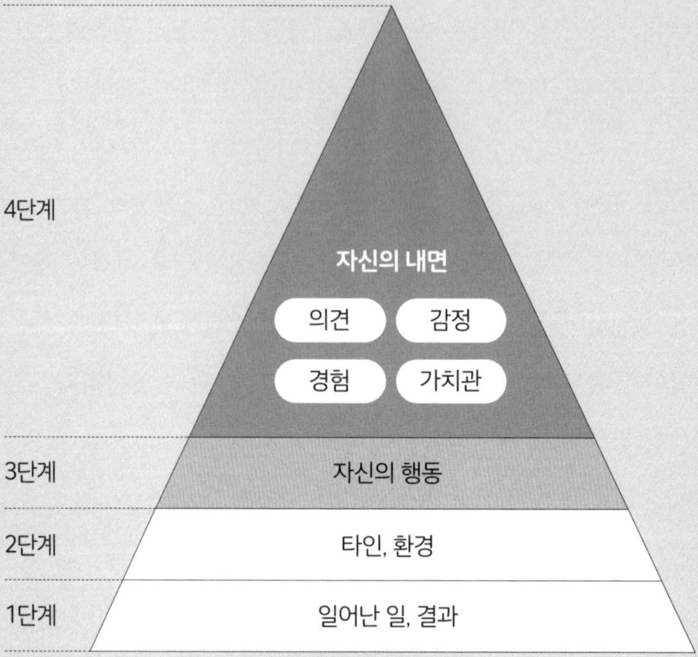

POINT

리플렉션의 단계가 높을수록 경험에서 얻을 수 있는 깨달음이 많아진다.

사람은 왜 쉽게 변하지 못할까?

행동의 바탕에 깔려 있는 내 생각을 아는 것은 과연 어떤 도움이 될까?

후배의 역량을 키워주고 싶은데 뜻대로 되지 않아 고민하는 사람이 있다고 하자. 사원으로 일하면서 좋은 평가를 받은 덕분에 승진도 하고 아래 직원까지 두게 되었는데, 아직도 예전처럼 직접 일하는 습관을 버리지 못했다. 후배에게 일을 맡겼다가도 마지막에 가서는 결국 자신이 일을 처리하고 만다. 우리 주변에서 흔히 볼 수 있는 모습이다.

자신의 행동을 바꾸고 싶어도 그렇게 하지 못하는 데에는 사실 행동을 바꾸지 않는 편이 바람직하다고 보는 생각이 숨어 있다. '후배를 육성하는 것도 중요하지만 일의 기한을 지키는 것도 중요하다'는 딜레마에 빠져 있는 상태라면, 3단계에 해당하는 '행동에 대한 리플렉션'만 반복해서는 상황을 바꾸기 어렵다.

우리가 어떤 행동을 할 때는 다 나름의 이유가 있다. 혼자서 모든 일을 도맡아서 하는 사람은 조직이 요구하는 일의 속도나 책임감을 중요시하기 때문이다. 예정된 기한 안에 일을 처리하고 자신이 이 일을 책임져야 한다는 의식이 강한 사람은 일에 몰입하는 순간 '후배 육성'이라는 목적을 잊어버린다. 이 상황을 바꾸려면 4단계에 해당하는 '내면에 대한 리플렉션'을 통해 자신의 내면을 객관적으로 살펴봐야 한다.

그렇다면 자신의 내면을 객관적으로 살펴보면 무엇을 알 수 있을까. 사례를 통해 살펴보자.

직접 일한 경험에 대한 리플렉션

의견 일은 빨리, 잘하는 것이 중요하다. 늘 책임감을 가지고 일했기에 좋은 평가를 받았다.

경험 일이 주어지면 기대하는 만큼 성과를 내려고 노력했다. 항상 효율적으로 일하는 습관이 배어 있다. 상사나 동료도 나에게 일을 맡기면 안심된다고 말한다.

감정 기쁨.

가치관 책임감, 일의 질과 속도.

지금까지 사원으로 일하면서 얻었던 긍정적인 경험 덕분에 이 사람은 일할 때 책임감이 크고 일의 질과 속도를 우선시하고 있다. 이와 같은 가치관이 상사가 된 현재에도 자신의 행동을 계속 지배하고 있는 것이다.

후배를 가르친 경험에 대한 리플렉션

의견 직접 하는 편이 빠르다. 주어진 일의 기한을 맞추는 것이 중요하다.

경험 아무리 가르쳐도 후배의 실력이 나아지지 않는다. 내가 기대하는 만큼 일하지 않는 후배가 답답하다. 한 번 가르쳤던 내용을 몇 번이나 되묻는다. 시간을 들여 가르쳤는데도 마지막에 가서는 결국 내가 일을 처리하고 만다. 가르치는 시간이 아깝다.

감정 안타까움.

가치관 책임감, 일의 질과 속도.

아무리 가르쳐도 상황이 나아지지 않는 답답한 현실이 후배 육성을 포기하게 했다.

후배를 가르치는 일이 중요하다고는 생각하지만 결국 스스로 일을 도맡게 되는 배경에는 일에 대한 책임감과 일의 질과 속도를 우선시하는 가치관이 깔려 있다.

물론 책임감이나 일의 효율성도 중요한 가치관이다. 하지만 일선에서 물러나 리더로서 인재를 길러야 하는 위치에 있다면 다음 단계로 나아가기 위해서는 후배를 육성하는 일에도 최선을 다해야 한다.

일하는 환경이 바뀌거나 한 번도 경험해보지 못한 일에 뛰어들 때는 과거의 성공 경험에서 얻은 법칙이 통하지 않는 경우가 많다. 앞의 사례에서도 지금까지 자신을 지탱해왔던 책임감과 일의 효율성이라는 가치관이 후배를 키워내야 하는 입장에 서자 장애물이 되었다. 이런 상황에서는 자신의 내면을 '메타인지' 하여 지금 나는 무엇을 더 우선시해야 하는지에 대해 깊이 파고들어야 한다.

경험학습의 4단계인 '내면에 대한 리플렉션'을 하면 **현재의 문제를 만들어내는 원인이 내 생각에 있음을 알 수 있다.** 그리고 그 생각의 바탕에는 이렇게 하면 잘되리라는 과거의 경험에서 얻은 믿음이 존재한다.

모든 행동에는 나름의 이유가 있다. 결과가 어떻든 일을 시작할 때만큼은 이렇게 하면 잘되리라고 믿는 것이다. 하지만 앞서 나온 사례처럼 그 믿음은 어디까지나 과거의 성공 경험에 바탕을 둔 것으로 미래의 성공을 보장해주지는 않는다.

따라서 내면에 대한 리플렉션을 통해 자신의 생각을 확인하고 문제점이 있다면 고쳐야 한다. 그래야만 새로운 시선으로 사안을 바라보고 앞으로 어떻게 행동해야 할지 길을 찾을 수 있다.

우리 뇌는 경험에서 깨달음을 얻고 그 깨달음을 활용하여 살아가도록 만들어져 있다. 이와 같은 학습 능력은 우리를 위험에서 지켜주는 중요한 기능을 하므로 모든 일에 대해 자신의 생각과 판단을 의심할 필요는 없다. **'내면에 대한 리플렉션'**은

지금까지 해왔던 방식이 통용되지 않거나 난관에 부딪혀 길이 보이지 않을 때 활용하자.

실전
경험에서 배우는 리플렉션

그렇다면 어떻게 경험을 되돌아봐야 할지 실제 리플렉션하는 방법을 순서대로 알아보자. '경험에서 배우는 리플렉션'의 목적은 경험에서 얻은 지식을 명확하게 정리하고 이를 앞으로 어떻게 활용하면 좋을지 계획을 세우는 데 있다. 이 점을 염두에 두면 더 많은 것을 깨달을 수 있다.

✦ 1단계 계획을 되돌아보기

계획 어떤 계획이 있었는가?

예상 앞으로 어떻게 되리라고 예상했는가?

근거 그렇게 생각한 데는 어떤 경험, 감정, 가치관이 연관되어 있는가?

'예상'을 구체적이고 명확하게 작성할수록 리플렉션의 질이 올라간다.

✦ **2단계 예상과 실제 결과 비교하기**

예상했던 결과 어떤 결과를 예상했는가?

실제 결과 실제 결과는 어떠했는가?

1, 2단계에서는 현실과 이상의 차이를 좁히고자 하는 리플렉션의 목적을 이해해야 한다. 이를 위해 예상했던 결과와 실제 결과의 차이를 명확하게 정리하자. 이것이 리플렉션의 첫걸음이다.

✦ **3단계 경험을 되돌아보기**

경험 어떤 경험을 했는가?

분석 무엇을 성공 혹은 실패했는가?

감정 그 경험에는 어떤 감정이 얽혀 있는가?

여기서는 경험을 최대한 구체적으로 떠올리는 것이 중요하다. 경험에 어떤 의미를 붙일지 정확하게 판단해야 경험에서 더 많은 깨달음을 얻을 수 있다.

✦ 4단계 경험에서 배우기

성공한 경우

이유 왜 성공했다고 생각하는가?

실패한 경우

이유 시간을 되돌린다면 무엇을 바꾸겠는가?

4단계에서는 경험에서 무엇을 배웠는지 파악해야 한다. 성공했다면 그 이유를 언어로 표현할 줄 알아야 같은 성공을 되풀이할 단서를 얻을 수 있다. 실패했을 때는 시간을 되돌린다면 무엇을 바꿀지 스스로에게 물어서 개선점을 찾아보자.

✦ 5단계 새로운 법칙 정리하기

법칙 리플렉션을 통해 무엇을 알게 되었는가? 이 경험을 통해 내 생각은 어떻게 바뀌었는가? 새로운 법칙을 정리해보자.

작성한 내용을 다시 읽으면 자신이 경험을 어떻게 해석하고 여기에서 무엇을 배웠는지 객관적으로 파악할 수 있다. 사람은 경험 중에서 일부분을 선택하여 인지하기 때문에 내가 선택한 경험을 객관적이고 깊이 있게 분석해야 깨달음을 얻을 수 있다. 또 같은 경험을 하더라도 사람에 따라 다르게 해석하므로 여러 사람과 내용을 공유해서 내 경험을 다양한 관점에서 바라보자. 혼자서 리플렉션할 때보다 폭넓게 배울 수 있다.

✦ 6단계 행동을 계획하기

행동 계획 앞으로 행동할 때 여기서 배운 점을 어떻게 활용할 것인가?

경험에서 배울 점을 찾아냈다면 다음에 어떻게 활용할지 계획을 세워보자.

✦ 7단계 질문하기

의문점 현재 이해가 안 되는 부분이 있는가?

마지막에는 의문점이 있다면 정확하게 정리해두자. 다음 경험에서 답을 찾을 확률이 높아진다.

지금까지 '경험에서 배우는 리플렉션'의 7단계를 설명했다. 중요한 업무나 사건처럼 진지하게 돌아보고 싶은 일이 생겼을 때 꼭 활용해보자. 좀 더 간단하고 부담 없이 시도해보고 싶다면 85쪽에 나오는 '한 장으로 정리하기'를 참고하자.

'경험에서 배우는 리플렉션'은 혼자서 하기보다는 다른 사람과 같이 해야 더 많이 배울 수 있다. 다양한 경험 중에서 무엇을 선택하고 어떻게 해석할지는 사람마다 다르기 때문이다. 사람은 편견을 지닌 채로 자신의 경험을 인지한다. 따라서 다른 사람과 함께 리플렉션을 하면 내가 어떤 일에 신경을 쓰고 무엇을 보려 했는지 쉽게 깨달을 수 있다. 리플렉션의 내용을 공유해서 혼자서는 알 수 없는 깨달음을 얻자.

복습

- 리플렉션은 과거에 대한 반성이 아니라 경험에서 깨달음을 얻는 과정이다.
- 경험에서 새로운 법칙을 발견해 자신의 생각을 고쳐나가자.
- 어떤 경험을 선택하고 어떻게 해석할지는 그 사람의 인지(지각과 판단)에 달려 있다. 중요한 경험에 대한 리플렉션은 꼭 다른 사람과 함께 하자.

연습

경험에서 배우는 리플렉션

업무에 대한 비전을 주제로 후배와 면담을 했다. 주체적이고 유능한 후배라서 비전에 관한 자신만의 그림을 어느 정도는 가지고 있겠거니 했다. 하지만 실제 결과는 예상과 달랐다.

1단계 계획을 되돌아보기

계획		**어떤 계획이 있었는가?** 자연스럽게 질문을 던져서 후배가 마음속에 가지고 있는 업무에 대한 비전을 끌어내고 싶었다.
계획을 되돌아보기	예상 (의견)	**앞으로 어떻게 되리라고 예상했는가?** 후배는 비전에 대한 자신만의 생각을 가지고 있을 것이다.
	근거 (경험)	**그 의견(예상)을 갖게 된 데는 어떤 경험과 지식이 있는가?** 예전에 나도 업무에 대한 비전을 어렴풋이 가졌을 때, 당시 사수였던 선배의 질문에 대답하는 과정에서 명확한 비전을 세우게 되었다.
	근거 (감정)	**그 경험에는 어떤 감정이 얽혀 있는가?** 기쁨.
	근거 (가치관)	**이를 미루어볼 때 내가 소중하게 생각하는 가치관은 무엇인가?** 질문에 대답하다 보면 비전에 대한 생각이 구체적이고 명확해진다.

2단계　예상과 실제 결과 비교하기

어떤 결과를 예상했는가?	⟺	실제 결과는 어떠했는가?
후배가 동기의 원천을 바탕으로 자신만의 비전을 세운다.		비전을 세우지 못했다.

3단계　경험을 되돌아보기

<table>
<tr><td rowspan="4">경험을 되돌아보기</td><td>어떤 경험을 했는가?
질문을 통해 후배의 머릿속에 있는 비전을 자연스럽게 밖으로 꺼내보려고 했다. 한 시간 정도 대화했지만 후배는 눈앞의 업무에는 최선을 다하는 데 반해 미래에 대한 비전을 갖고 있지는 않았다.</td></tr>
<tr><td>무엇을 성공했는가?
후배는 현재 하는 일에 보람을 느끼며, 업무에 대한 비전이 없다는 사실에 큰 불만은 없었다. 지금 일에 만족하고 있고 이 일을 통해 자신이 성장할 수 있다고 믿었다.</td></tr>
<tr><td>무엇을 실패했는가?
후배가 비전에 관해서는 특별히 생각해본 적이 없음을 알았다.</td></tr>
<tr><td>그 경험에는 어떤 감정이 얽혀 있는가?
기쁨, 놀라움.</td></tr>
</table>

4단계 경험에서 배우기

이유	**성공했을 경우: 왜 성공했다고 생각하는가?** **실패했을 경우: 시간을 되돌린다면 무엇을 바꾸겠는가?** **실패했을 경우** 업무에 대한 비전이 왜 필요한지, 다른 사람은 어떤 비전을 가졌는지에 대해 내가 먼저 설명을 했다면 좋았을 것이다.

5단계 새로운 법칙 정리하기

법칙 정리	**리플렉션을 통해 무엇을 알게 되었는가? 새로운 법칙을 정리해보자.** 유능한 후배라고 해서 모두 업무에 대한 비전을 갖고 있지는 않다. 누구나 나처럼 자신의 경력을 개발하는 데 주체적이고 적극적일 필요는 없다. 왜 비전을 가져야 하는지, 어떻게 하면 비전을 세울 수 있는지 모르는 사람도 있다.

6단계 행동을 계획하기

행동 계획	**앞으로 여기서 배운 점을 어떻게 활용할 것인가?** 비전이 갖는 의미와 비전을 찾는 방법을 보기 쉽게 정리해서 보고서로 만들겠다.

7단계 질문하기

의문점	**현재 이해가 되지 않는 부분이 있는가?** 어떤 사람들이 스스로 비전을 세울까? 이를 위해 필요한 경험은 무엇일까?

연습 한 장으로 정리하기

어떤 결과를 예상했는가?
자기소개를 통해 좋은 인상을 남길 수 있다.

⟷

실제 결과는 어떠했는가?
준비한 대로 자기소개를 했으니 좋은 인상을 남겼다고 본다. 하지만 조금 긴장하는 바람에 유쾌한 성격을 보여주지는 못했다.

계획	계획	**어떤 계획이 있었는가?** 온라인을 통한 자기소개인 만큼 파워포인트 자료를 준비하고 발표 연습도 열심히 했다.
	예상	**앞으로 어떻게 되리라고 예상했는가?** 파워포인트를 사용하면 말만 하는 것보다 더 많은 정보를 전달할 수 있고 자료를 보면서 자연스럽게 발표할 수 있을 것이다.
경험	경험	**어떤 경험을 했는가? 무엇을 성공 혹은 실패했는가?** 열심히 연습한 덕분에 큰 문제는 없었지만 조금 긴장하는 바람에 말투가 다소 딱딱해졌다.
	감정	**그 경험에는 어떤 감정이 얽혀 있는가?** (발표 중) 긴장감, (발표 후) 안도감, (끝난 후) 아쉬움.
배운 점	경험에서 배운 점	**성공했을 경우: 왜 성공했다고 생각하는가?** 큰 문제 없이 발표를 끝냈으니 연습한 보람이 있었다. **실패했을 경우: 시간을 되돌린다면 무엇을 바꾸겠는가?** 긴장하면 말투가 딱딱해지므로 발표 내용에 나의 유쾌함을 보여줄 만한 부분을 따로 넣었다면 좋았을 것이다.
	법칙 정리	**리플렉션을 통해 무엇을 알게 되었는가?** 자기소개에서는 정보 전달뿐 아니라 자신의 성격을 보여주는 것도 중요하다. 진지하게 자기소개에 임하면서도 나의 유쾌함을 함께 보여줄 수 있는 방법을 연구해야겠다.
	행동 계획	**앞으로 여기서 배운 점을 어떻게 활용할 것인가?** 진지함과 유쾌함을 보여줄 나만의 자기소개 방법을 생각해두겠다.

대화를 통해 배우기

지금부터는 우리가 '대화'를 통해 어떻게 배울 수 있는지 알아볼 것이다. 대화는 흔히 소통의 수단으로 알려져 있지만 사실 **대화의 진짜 의미는 깨달음을 얻는 데 있다.**

우리의 인지에는 한계가 있어서 사물의 일부분만을 보며 한정된 경험과 지식에 의존하여 판단한다. 시야를 넓히고 사물에 대해 더 깊이 생각하며, 기존의 지식을 과감히 버리고 새로운 지식을 입력하기 위해서는 무엇보다 '대화'가 필요하다.

대화는 **자신을 돌아보고 평가와 판단은 뒤로 미룬 채, 다른 사람의 말에 공감하면서 듣고 말하는 과정**이다. 따라서 리플렉션을 어려워하는 사람은 대화도 잘하기 어렵다.

대화에는 3가지 단계가 있다.

- **1단계** 자신의 생각을 인지의 4가지 구성 요소로 리플렉션하기.
- **2단계** 감정을 조절하여 평가와 판단은 뒤로 미루기.
- **3단계** 상대방의 의견을 인지의 4가지 구성요 소로 분석하며 듣고 공감하기.

대화는 의견이 다른 사람이나 전혀 공감할 수 없는 주장을 펼치는 사람과도 해야 한다. 나와 다른 생각을 가진 사람과의 대화를 통해서 사물을 다양한 시각으로 볼 수 있기 때문이다. 언제나 정답이 하나인 공교육에 익숙해진 우리에게는 대화가 마치 불필요한 시간처럼 느껴지기도 한다. 하지만 한 사람의 지식과 관점으로 정답을 찾아낼 수 있는 시대는 갔다. 대화는 길이 보이지 않는 막다른 골목에서 새로운 돌파구를 찾게 해주는 수단이다.
다음은 미국 아이비리그에서 공부한 학생이 수업 중에 겪은 일화이다.
노벨상을 받은 물리학 교수의 수업을 듣는 중이었다. 한 학생이 교수님의 생각은 틀렸다고 발언하자, 교수는 자신의 생각에 반기를 든 학생을 환영하며 그렇게 생각한 이유가 무언지 물었다. 교수와 학생의 대화가 시작되자 그곳에 있는 다른 학생들도 논쟁에 참여했고 매우 유익한 대화의 장이 펼쳐졌다. 한 학생의 자극적인 발언이 교수의 진심을 이끌어냈고, 학생들의 사고에까지 영향을 미친 것이다. 그야말로 대화의 묘미를 느낄 수 있는 시간이었다. 대화는 자신의 내면을 객관적으로 볼 수 있는 기회이자, 나를 둘러싼 울타리 밖의 세계에서 깨달음을 얻는 방법이다. 새로운 관점을 배우는 일은 사고의 유연성과 창조성을 높이는 데 큰 역할을 한다.

인지의 4가지 구성 요소를 활용하여 대화하기

회의에서 발언할 때는 보통 의견이 얼마나 정당한지에 초점을 맞추는 경우가 많다. 설명이 논리 정연하여 반론이 나오지 않아야 이상적이고, 자신의 의견에 전원이 찬성해주기를 바란다. 하지만 **대화에서는 하나의 의견이 아니라 다양한 관점이 등장해야 더욱 탄탄한 결론을 내릴 수 있다.** 여러 가지 판단 기준과 의견을 듣고 조합해야 수준 높은 결론에 도달할 수 있는 것이다. 따라서 대화에서는 의견 자체보다는 바탕에 깔려 있는 판단 기준이나 가치관에 집중해야 한다. 여기에는 의견을 관철시키는 것이 목표가 아니라, 의견은 어디까지나 하나의 소재일 뿐 대화를 통해 서로 배우고 최선의 답을 찾고자 하는 자세가 전제되어야 한다. 회의에서 이와 같은 '대화'가 가능해지면 우리는 집단지성을 활용한 최선의 답을 찾아낼 수 있다.

대화에서는 자신의 생각을 고집하지 말고 평가와 판단은 일단 뒤로 미뤄야 한다. 평가와 판단을 유보해야 비로소 자신의 울타리 밖으로 나갈 수 있다. 전혀 공감할 수 없는 의견을 가진 사람의 이야기를 평가와 판단을 유보한 채 경청하는 것이 대화의 핵심 기술이다.

다만 경청은 하되 상대방의 의견에 찬성할 필요는 없다. 중요한 것은 상대방의 생각에 공감하는 것이다. 이때 인지의 4가지 구성 요소를 통한 분석이 활용된다. 30쪽에 나오는 자신의 인지를 4가지 구성 요소로 리플렉션하는 방법을 이번에는 상대방 의견에 적용하면 된다.

아무리 받아들이기 힘든 생각이라도 아래의 3가지 관점을 염두에 두고 듣는다면 상대방의 의견에 공감해줄 수 있다.

- 상대방은 어떤 경험을 했는가?
- 상대방의 의견에는 어떤 감정이 얽혀 있는가?
- 상대방이 그 의견을 고집하는 데는 어떤 가치관이 깔려 있는가?

가능하다면 위 질문을 상대방에게 직접 하는 편이 좋다. 하지만 질문하기 어려운 상황이라면 상대방의 말을 들으면서 상상하거나

그림1-12 인지의 4가지 구성 요소를 활용한 대화

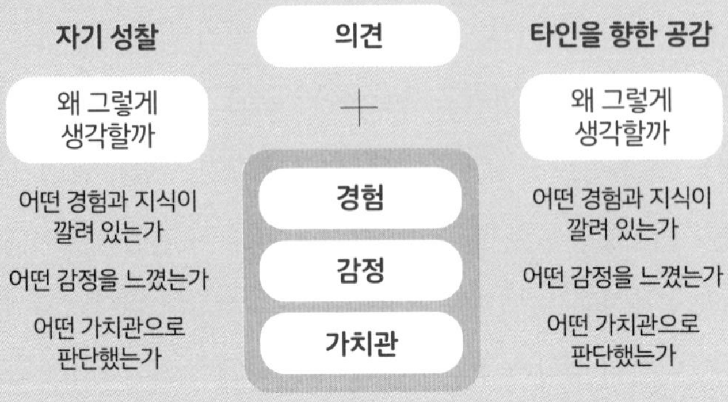

POINT

인지의 4가지 구성 요소를 활용해서 상대방의 의견을 경청하자.

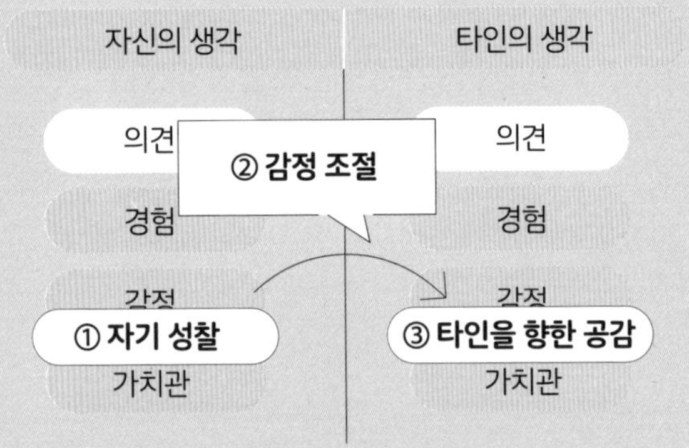

POINT

다른 의견을 가진 사람에게 공감하면, 경계선 밖에 있는 세상에서 깨달음을 얻을 수 있다.

추측해보자. 어떤 의견이든 그 바탕에는 당사자의 경험, 감정, 가치관이 존재하기 마련이다.

우리는 대화를 통해 자신의 울타리 밖에 어떤 경험과 가치관이 있는지 알 수 있다. 내 경험에 대해서만 리플렉션하면 자신의 영역을 넓히기 어렵다. **리플렉션과 대화, 두 가지를 모두 실천해야 비로소 경계선 밖에 있는 지식을 내 것으로 만들 수 있다.**

상대방의 생각을 인지의 4가지 구성 요소로 파악하는 습관을 들이면 상대방이 중요하게 생각하는 가치관이 무엇인지 알 수 있다. 그러면 그 사람이 내 의견에 반대해도 이는 의견 자체를 거부한다기보다는 자신의 가치관을 지키려는 행위로 받아들이게 된다. 따라서 반대 의견을 들어도 크게 불쾌해지지 않는다.

대화의 기술은 사람과의 대화뿐 아니라 다양한 방면에서 응용할 수 있다. TV나 스마트폰을 통해 새로운 정보를 접하고 놀라거나 위화감을 느꼈다면 거기에는 내가 모르는 세상이 존재한다는 뜻이다. 이럴 때는 지금 내가 왜 놀라고 위화감을 느꼈는지 리플렉션 해보자. 분명히 새로운 깨달음을 얻을 것이다.

내가 모르는 세상에는 어떤 경험과 가치관이 존재하는지 의식적으로 탐구하는 습관을 들여서 자신의 사고폭을 조금씩 넓혀나가자.

복습

- 대화는 자기 내면과 마주할 기회다. 인지의 4가지 구성 요소를 활용하여 대화 중에도 리플렉션 하는 습관을 들이자.
- 다른 사람의 의견을 들을 때는 감정을 조절하여 평가와 판단은 미뤄두자.
- 다른 사람의 의견을 들을 때는 자신의 해석을 더하지 말고 인지의 4가지 구성 요소를 활용하여 상대방의 경험과 가치관을 추측해보자.
- 대화를 통해 다양한 세상에서 깨달음을 얻고 자신의 사고의 폭을 넓혀나가자.

언런하기

언런Unlearn이란 '배운 것을 고의로 잊는다'는 뜻으로 과거의 성공 경험이나 이를 통해 배운 점을 과감하게 잊어버리는 행위를 말한다.
대화를 통해 다른 사람의 의견도 객관적으로 바라볼 수 있게 되었다면, 지금부터는 나를 가두고 있는 틀에서 벗어나는 '언런'의 기술을 익혀보자. 여기서는 경험에서 얻은 지식을 과감하게 잊어버리는 리플렉션을 활용한다.
시대가 바뀌면서 낡아지는 것은 지식만이 아니다. 우리의 생각과 마음도 시대에 따라 변하지 않으면 도태되기 쉽다. 주체적이고 적극적으로 자기 생각을 유연하게 바꿀 수 있는 사람만이 자기 분야에서 성공하고 행복한 인생을 살 수 있다.
언런은 새로운 가치관을 형성하는 데 도움이 된다. 유연하게

그림1-13 언런을 위한 리플렉션

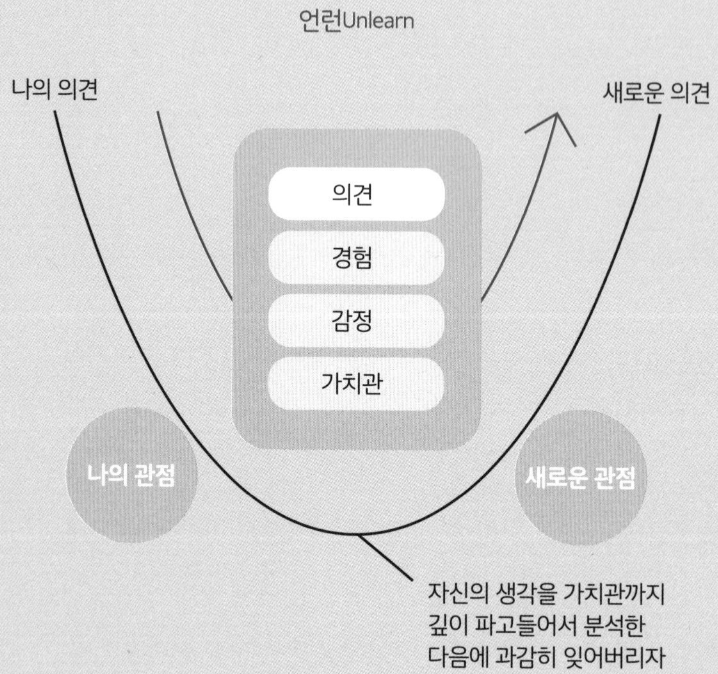

POINT

- 나의 생각이 나를 틀에 가두고 있다면 그동안의 경험에서 얻은 가치관을 잊어버리는 '언런'의 기술이 필요하다.
- 메타인지력을 높이면 과거의 성공 경험에서 얻은 가치관을 쉽게 잊을 수 있다.

생각할 줄 아는 사람은 때때로 기존의 상식을 제쳐두고 다른 틀과 전제를 사용하여 사안을 파악한다.
언런을 위한 리플렉션의 목적은 생각의 바탕에 자리한 가치관을 바꾸는 것이다. 이 점을 꼭 기억하자.

막다른 골목에 다다랐다면 언런이 필요하다

언런을 위한 리플렉션은 지금까지 해왔던 방식이나 고수했던 가치관이 더 이상 통하지 않을 때 필요하다. 기존 방식을 그대로 따랐을 뿐인데 일이 잘 풀리지 않거나, 환경에 큰 변화가 생겨서 지금까지의 접근법이 통하지 않는다면 언런을 위한 리플렉션을 할 때다.
언런이 필요한 시기가 언제인지는 목표를 향해 열심히 달릴 때 발휘되는 '창조적 긴장'이 알려주기도 한다. 그때가 오면 과연 이대로 괜찮은지 의심이 들고, 뭔가를 바꾸지 않으면 안 되겠다는 고민과 위화감을 품게 된다.
또 언제 언런이 필요한지 알기 위해서는 동기의 원천과 이어지는 비전을 세워야 한다.(48쪽 참고) 현실과 이상의 차이를 좁히고 싶다는 열망이 생기면 지금 상태를 유지해서는 미래가 보이지 않는다는 사실을 깨닫는다.
확실한 목표를 가지고 도전하는 사람은 기존 방식에 문제가 생기면 금방 알아차린다. 하지만 대부분 상황을 극복하기 위해 먼저 행동을 바꾸려고 한다. 예를 들면 같은 방식으로 50번이나 영업을 했는데도 성과가 나지 않았다면 영업 건수를 80건으로 늘리는 식이다. 아무리 영업 건수를 늘려도 상품 자체가 고객의 달라진 요구에 대응하지 못한다면 소용이 없는데 말이다. 이처럼 문제가 발생했다면 행동을 바꾸기보다는 우리의 내면부터 들여다봐야 한다.
막다른 골목에 다다랐다는 생각이 들면 외부에서 답을 찾기보다는 먼저 자신의 내면을 리플렉션해보자. 다른 방법을 시도하기 전에 **자신의 가치관에는 문제가 없는지 점검해보는 것이다**. 바로 이때 언런을 위한 리플렉션이 돌파구를 찾는 길잡이가 된다.

언런은 새로운 세상과 만나게 한다

언런하기 위해서는 기존의 지식을 버리고 새로운 방식으로 살아가는 사람들의 모습을 살펴볼 필요가 있다. 그들의 경험담을 들으면서 **새로운 삶을 간접 체험해보는 것이다**. 왜냐하면 단순히 어쩔 수 없다는 이유로 새로운 아이디어를 억지로 받아들여서는 언런하는 의미가 없기 때문이다. 언런에 성공하려면 온 마음을 다해 새로운 아이디어를 환영해야 한다. **새로운 가치관으로 얻어낼 수 있는 긍정적인 경험과 감정이 내 안에도 단단히 자리 잡게 만들어야 한다.**

어쩔 수 없다는 이유로 간단히 새로운 가치관을 받아들이면 마음속 깊은 곳에서는 여전히 기존의 가치관이 더 강하게 남게 된다.

그러면 새로운 일에 도전할 때마다 예전의 가치관이 되살아나서 자신도 모르는 사이에 과거의 성공 경험에 기반한 사고방식으로 일을 판단할 가능성이 크다.

따라서 우리는 언런을 통해 새로운 가치관을 받아들이고 새로운 세상을 진짜 내 것으로 만들어야 한다. 새로운 일은 그에 맞는 새로운 가치관으로 대응해야 하고, 변화에 능동적으로 대응하지 않으면 성장을 지속하기 어렵다.

언런을 위한 리플렉션을 실천하면 새로운 가치관을 받아들이고 기존의 지식은 과감하게 버릴 수 있다. 이를 통해 변화하는 세상에 능동적으로 맞설 수 있다.

실전
언런을 위한 리플렉션

지금부터는 언런을 위한 리플렉션 방법을 구체적으로 알아보자. 이 리플렉션은 난도가 조금 높아서 두 가지 형태로 나눠서 살펴보고자 한다. 첫 번째 리플렉션인 '언런을 위한 리플렉션'은 비교적 쉽고, 다음에 소개할 '자기 변화를 위한 리플렉션'에서는 더 복잡하고 깊이 있는 내용을 다룬다.
먼저 살펴볼 '언런을 위한 리플렉션'은 아래와 같이 3가지 단계로 이루어진다.

- **1단계** 과거의 성공 경험을 리플렉션하기
- **2단계** 언런한 뒤의 세상을 상상하기
- **3단계** 언런하기

✦ 1단계 과거의 성공 경험을 리플렉션 하기

과거를 되돌아보기 과거의 성공 경험을 되돌아보자.

가치관 과거의 성공 경험으로 형성된 판단 기준이나 가치관은 무엇인가?

감정 그 성공 경험에 대해서 어떤 감정을 갖고 있는가?

그림1-14 언런의 기술/대화적사고

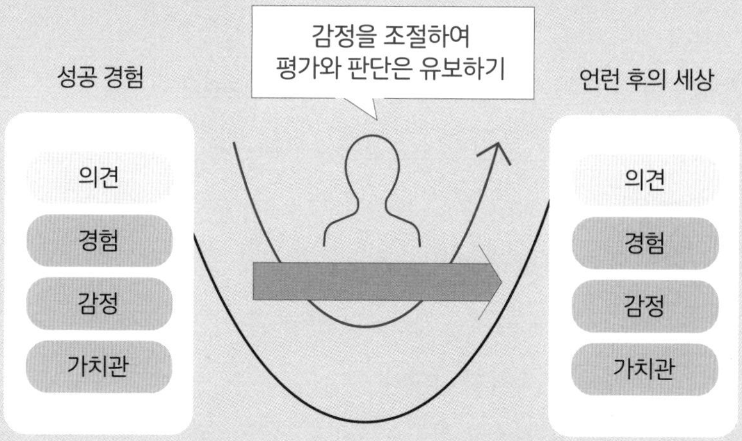

POINT

- 언런에 성공하려면 3가지 단계를 거쳐야 한다.
  1단계: 과거의 성공 경험을 리플렉션하기
  2단계: 언런한 뒤의 세상을 상상하기
  3단계: 언런하기
- 2단계로 가기 전에 감정을 조절하여 평가와 판단은 유보해야 한다.

1단계에서는 과거의 성공 경험과 이로 인해 형성된 가치관이 어떠한 감정을 낳았는지 파악한다. 언런이 어려운 이유는 가치관을 바꾸기 힘들어서가 아니라, **가치관에 얽힌 감정을 버리지 못해서다**. 따라서 성공한 경험을 제대로 들여다보면서 자신이 무엇을 놓지 못하는지 감정의 측면에서 완벽하게 이해하는 것이 중요하다.

많은 사람이 1단계를 거치지 않고 바로 언런을 실천한다. 하지만 과거의 성공 경험에 얽매인 채로 의견만 바꿔서는 새로운 가치관이 내 안에 단단히 자리 잡기 어렵다.

과거의 성공 경험으로 형성된 가치관을 버리기 위해서는 내가 과거의 경험을 어떻게 해석하고 있는지 이해해야 한다. 이를 위해 먼저 과거의 성공 경험과 이로 인해 형성된 가치관이 지금까지 나를 잘 뒷받침해주었다는 사실을 인정하자. 아직은 과거와 완벽하게 이별할 필요는 없다. 조금만 더 지금까지의 나와 함께해도 괜찮다.

✦ 2단계　언런한 뒤의 세상을 상상하기

인터뷰　언런한 뒤의 세상을 상상하거나 그러한 삶을 살고 있는 사람을 찾아가 인터뷰해보자.

인지의 4가지 구성 요소　인터뷰를 통해 알게 된 점을 리플렉션하자.

이 단계까지는 과거의 성공 경험으로 형성된 가치관을 버리지 않아도 된다. 여기서는 평가와 판단을 뒤로 미루고 자신의 영역 밖에 있는 세상을 상상해서 객관적으로 바라보는 것이 중요하다. 혼자서 상상하기가 어렵다면 현재 그러한 삶을 살고 있는 사람의 경험담을 들어보자. 상상력을 키우는 데 큰 도움이 된다. **상상력은 언런에서 중요한 기술 중 하나로 이를 통해 다른 사람의 삶을 간접 체험할 수 있다.**

✦ 3단계　언런하기

깨달음　1, 2단계를 통해 무엇을 알게 되었는가?

언런　그렇다면 이제 무엇을 언런할 것인가?

자신의 영역 밖에 있는 세상을 상상하고 객관적으로 살펴보는 2단계를 실천하는 동안 이미 언런은 시작되었다. 3단계에서는 새롭게 얻은 가치관은 무엇이며, 기존의 가치관 중에서 버려야 할 것은 무엇인지 명확하게 정리해야 한다.

실전
자기 변화를 위한 리플렉션

다음은 '자기 변화를 위한 리플렉션'이다. 여기에는 발달심리학자 로버트 케건Robert Kegan의 《변화면역》(정혜, 2020)에서 나오는 '면역 지도'라는 개념이 활용된다.

로버트 케건은 사람이 쉽게 변하지 못하는 까닭이 완고한 고정관념 때문이라고 했다. 완고한 고정관념이 마치 면역 체계처럼 작동하여 새로운 변화로부터 우리의 몸을 보호한다는 것이다. 따라서 자신의 면역 지도를 작성해서 반복적인 실패를 이끄는 근본 원인이 뭔지 알아야 진정한 변화를 이루어낼 수 있다고 한다. 바로 이 면역 지도를 작성해보는 과정이 지금부터 살펴볼 리플렉션의 내용과 맞닿아 있다.

누구나 한 번쯤 변하고 싶으면서도 변하지 못하는 경험을 해본 적이 있을 것이다. 이때는 마음속에 '변하고 싶은 이유'와 '지금 이대로가 좋은 이유'가 함께 존재한다. 상반된 두 마음을 동시에 리플렉션 해보면서 자신이 원하는 변화를 이끌어내는 것이 '자기 변화를 위한 리플렉션'이다.

'자기 변화를 위한 리플렉션'에는 5가지 단계가 있다. 사례와 함께 단계별로 리플렉션의 내용과 의미를 확인해보자.

✦ 1단계　바꾸고 싶은 점 선택하기

의견　어떤 점을 바꾸고 싶은가?

경험　이와 관련하여 어떤 경험을 했는가?

감정　그 경험에는 어떤 감정이 얽혀 있는가?

가치관　이를 미루어볼 때 내가 소중하게 여기는 가치관은 무엇인가?

✦ 2단계　나의 행동과 감정 파악하기

행동　나는 지금까지 어떻게 행동했는가?

감정　그 행동에는 어떤 감정이 얽혀 있는가?

✦ 3단계　감정 뒤에 있는 가치관 발견하기 (나의 고정관념 이해하기)

가치관　어떤 점을 소중하게 생각하기에 그러한 감정이 되었는가? 감정에 얽힌 가치관을 끄집어내자.

경험　그 가치관은 어떤 경험에 의해 형성되었는가?

긍정적인 영향　그 가치관은 언제 인생에 도움이 되는가?

부정적인 영향　그 가치관은 언제 인생을 어렵게 만드는가?

✦ 4단계　자기 변화를 위한 비전 세우기

바꾸고 싶은 점 다시 정리하기　나의 어떤 점을 바꾸고 싶은가?

비전 세우기　그 점을 바꾸면 무엇이 달라지는가? 나는 무엇을 얻기 위해 자기 변화를 꿈꾸는가?

✦ **5단계 행동 계획 세우기**

첫 번째 목표 가장 먼저 할 일은 무엇인가?

성패를 판단하는 기준 무엇으로 성공 혹은 실패를 판단할 것인가?

리플렉션 시기 첫 번째 목표에 대한 리플렉션은 언제 할 것인가?

최종 목표 최종적으로 나는 어떻게 달라지고 싶은가?

언런의 중요성은 직급이 올라갈수록 커진다. 경험이 많을수록 이를 통해 형성된 가치관이 더욱 확고하게 자리 잡기 때문이다. 기존에 해왔던 방식이 성공으로 이어진 경험이 많다면 과거와 완벽하게 이별하기가 더욱 어려워진다. 하지만 지금은 끊임없이 변화하지 않으면 점점 뒤처지는 세상이다. 미래지향적인 삶을 살기 위해서라도 언런을 위한 리플렉션 기술을 익혀두어야 한다. 우리는 언런을 통해서만 비로소 새로운 가치관을 진심으로 받아들이고 유연하게 사고할 수 있다.

성장하고 싶다는 욕망과 더 높은 곳에 올라가고 싶다는 마음이 큰 사람, 혹은 지금까지와는 다른 차원의 일에 도전하는 사람이라면 자기 변화를 위한 리플렉션이 필요하다. 보통은 환경이 바뀔 때마다 과거의 성공 경험에서 벗어나서 새로운 가치관을 받아들일 필요가 있다.

과거의 성공 경험을 충분히 인정해준 다음, 여기에서 벗어나 새로운 내일을 위한 자기 변화를 이뤄내는 사람만이 성장을 계속할 수 있고 원하는 것을 손에 넣을 수 있다.

실제로 요즘에는 언런을 조직 문화로 삼는 리더가 주목받고 있다. 언런의 기술을 익혀 스스로 활용할 뿐 아니라 다른 사람도 언런을 통해 새롭게 배울 수 있도록 지원하자.

언런을 방해하는 장애물은 두려움이다. 리플렉션을 통해 두려움을 이겨내고 새로운 세상을 받아들일 수 있다면 지금보다 밝은 미래를 맞이할 수 있다.

복습

- 막다른 골목에 다다랐다고 느낀다면 언런이 필요한 때다.
- 언런한 뒤의 세상을 이해하기 위해서는 상상력이 필요하다.
- 언런으로 성공 경험은 추억으로 남기고 낡은 가치관은 버린다.
- 언런으로 파악한 새로운 가치관을 진짜 내 것으로 만들려면 리플렉션을 통해 자신을 메타인지 해야 한다.

연습 1

언런을 위한 리플렉션

A는 강한 리더십과 포용력으로 조직을 이끄는 유능한 매니저다. 그는 최근에 리더십 능력을 높게 평가받아 신규 사업 개발팀으로 발령받았다. 그런데 새로운 팀에서는 지시와 복종으로 이루어지는 상하관계가 아닌 개방적이고 평등한 조직 문화가 필요해 보였다. 지금까지 해왔던 방식으로는 직원들을 관리하기가 쉽지 않을 듯싶었다.

1단계 과거의 성공 경험을 리플렉션하기

과거를 되돌아보기	**과거의 성공 경험을 되돌아보자.** 학생 시절 활동했던 동아리에서는 상하관계가 엄격했다. 저학년 때는 강해 보이는 선배들이 동경의 대상이었다. 나도 언젠가 선배들처럼 되고 싶다고 생각하며 열심히 연습했다. 그 덕분에 나도 성장할 수 있었다. 내가 고학년이 되었을 때는 후배들의 존경을 받기 위해서 더욱 열심히 연습에 매진했다. 상하관계 안에는 누군가를 존경하거나 누군가에게 존경받는 관계가 있고, 이 점이 매우 중요하다고 봤다. 선생님도 선배들도 모두 엄격했지만 그 덕분에 지금의 내가 있다. 마지막까지 포기하지 않는 강한 정신력이나 될 때까지 노력을 게을리 하지 않는 습관은 일할 때도 큰 도움이 된다. 힘든 때도 있었지만 모두가 함께한 덕분에 힘을 냈다. 사회에 나와서도 동아리에서의 경험을 그대로 활용했다. 신입사원 시절에는 선배들을 보고 배우며 나도 빨리 선배들처럼 되려고 노력했다. 연차가 올라가면서 상사가 되었을 때는 후배들에게 존경받기 위해 최선을 다했다. 팀원들도 나를 믿고 잘 따라와주었다.

가치관	**과거의 성공 경험으로 형성된 판단 기준이나 가치관은 무엇인가?** 선배는 동경의 대상이다. 선배를 존경하고 선배에게 신뢰받아야 한다. 후배는 선배를 보고 배우며 성장해야 한다. 하나 된 조직, 규율과 문화가 있는 조직. 믿음과 협력을 바탕으로 한 인간관계.
감정	**그 성공 경험에 대해서 어떤 감정을 갖고 있는가?** (동경하는 선배가 있다는 사실) 즐거움, 자랑스러움. (선배처럼 되겠다는 생각으로 노력했음) 힘듦, 기쁨. (동료들과 함께 노력한 사실) 기쁨. (동아리 활동 덕분에 성장했음) 기쁨, 자랑스러움, 자신감.

2단계 언런한 뒤의 세상을 상상하기

A는 개방적이고 평등한 조직문화를 혼자서는 상상하기 어려웠다. 그래서 관련 자료를 찾아보다가 부서 간의 경계를 허물고 필요에 맞게 소규모 팀으로 운영되는 '애자일 조직 문화'에 대해 알게 되었다. 회사 내에서도 애자일 조직을 지향하는 팀이 있다기에 그곳에 가서 이야기를 들어보기로 했다.

인터뷰	**애자일 조직 문화를 도입한 팀의 경험담** 애자일 조직 문화가 도입된 다음부터는 팀원 8명이 함께 모여 계획을 세운다. 1일, 1주일, 1개월 단위로 업무 내용과 성과를 되돌아보면서 개발을 진행한다. 개인에게 맞춰서 계획을 세우기 때문에 자신의 역할과 성과를 확인할 수 있다는 점이 애자일 조직의 특징이다. 혼자서도 자신의 업무 상황을 되돌아보고 수정이 필요하다면 곧바로 다른 사람들에게 제안할 수 있다.

	팀원 모두가 맡은 일에 최선을 다하기 위해 주체적으로 일한다는 점이 애자일 조직의 가장 큰 장점이다. 또한 애자일 조직이라고 해서 질서가 없는 것은 아니다. 상하관계가 아닌 서로 동등한 팀원으로서 지켜야 하는 약속과 규율이 있다. 팀원들 모두가 다른 사람에게 신뢰를 얻고, 서로를 존중한다. 모두 열심히 일하고 있다는 느낌이다.
인터뷰에서 알게 된 점	개방적이고 평등한 조직에도 다양한 장점이 있다. 우선 팀원들이 주체적으로 일하게 된다는 점은 확실해 보였다. 각자 알아서 자기관리를 하고, 수정이 필요하다면 모두가 적극적으로 의견을 내놓는 등 지금까지 한 번도 본 적 없는 형태의 조직이었다. 평등한 조직 문화에서도 질서가 유지되려면 리더의 역할이 중요하다. 조직의 기본 방향을 확실하게 세우고, 팀원 모두의 역할과 비전을 공유하면 충분히 질서를 유지할 수 있을 것 같다. 조직의 기본 방향을 확실하게 제시하고, 계획을 세우거나 업무 보고를 할 때 모두 함께 하는 것이 기존의 방식과 다른 점이었다. 또한 이런 부분에서는 오히려 리더의 역할이 중요해진다는 점도 깨달았다.

인터뷰가 끝난 다음의 리플렉션 인터뷰에서 알게 된 점을 인지의 4가지 구성 요소로 정리해보자.	
의견	상하관계를 중요시하는 조직에서 평등한 조직으로 전환하는 데에 거부감이 있었다. 하지만 **인터뷰를 해보니 두 조직에는 공통점이 많다는 점을 깨달았다.** 조직 문화가 평등해지면 개개인의 주체성이 높아지고 스스로 성장할 수 있어서

	더 많은 성과를 낼 수 있다. 또한 평등을 강조한다고 해서 무질서한 것은 아니며 인간관계가 경직되지도 않는다. 서로 존중해주는 분위기도 유지할 수 있다.
경험	107~108쪽의 인터뷰 내용 참고.
감정	(처음 해보는 일이라) 두려움. (기대가 되어서) 설렘.
가치관	규율, 책임, 성장, 주체성, 인간관계, 신뢰와 존중.

3단계　언런하기

언런	**1, 2단계를 통해 무엇을 알게 되었는가? 그렇다면 이제 무엇을 언런할 것인가?** **평등한 조직으로 바꾼다고 해서 과거의 경험에서 얻은 자신감과 자랑스러움을 버릴 필요는 없다.** 또 평등한 조직 안에도 규율과 책임, 신뢰와 존중을 중요시하는 인간관계가 존재한다. 지시와 명령으로만 사람을 움직이려 했던 기존의 행동 방식을 이제는 버려야겠다.

연습 2

자기 변화를 위한 리플렉션
변화를 거부하는 사람에 대한 내 관점을 바꾸고 싶다.

1단계 바꾸고 싶은 점 선택하기

바꾸고 싶은 점 (의견)	**어떤 점을 바꾸고 싶은가?** 변화에 부정적인 사람에게 변화의 중요성에 대해 적극적으로 이야기하고 싶다. 변화를 거부하는 사람은 달라질 필요성을 느끼지 못하고 지금까지 해왔던 방식으로도 충분하다고 생각한다. 주로 임원이나 부장 등 직급이 높은 사람이 많다.
경험	**이와 관련하여 어떤 경험을 했는가?** 변화에 부정적인 사람들 앞에 서면 그들이 달라질 것 같지도 않고, 변화의 중요성도 이해하지 못하리라는 생각에 발표 의욕이 떨어지고 자신감도 사라진다. 그들의 마음을 모르는 바도 아니어서 어차피 안 될 거라고 포기하게 된다. 바뀌지 않으면 미래는 더욱 나빠질 거라는 걱정을 품은 채 회의가 끝나면 마음이 불편하고 스트레스가 쌓인다. 허무한 감정도 계속된다.
감정	**그 경험에는 어떤 감정이 얽혀 있는가?** 안타까움, 속상함, 분노, 답답함, 긴장감, 스트레스.
가치관	**이를 미루어볼 때 내가 소중하게 여기는 가치관은 무엇인가?** 긍정적인 변화, 진화, 학습, 리더의 책임감.

2단계　나의 행동과 감정 파악하기

행동	**나는 지금까지 어떻게 행동했는가?** 변화에 부정적인 사람들 앞에 서면 말소리가 작아지고 의견을 명확하게 말하지 못했다. 긴장되어 말수가 줄고 "어렵긴 하지요"처럼 상대방의 생각에 공감하는 표현을 자주 했다. 상대방의 마음을 이해한다는 투로 말하면서 무력감과 피곤함을 느꼈다.
감정	**그 행동에는 어떤 감정이 얽혀 있는가?** 달라지지 않을 것이며 의미 없다고 생각하는 무력감, 미래를 향한 절망감, 좋은 기회를 놓쳤다는 안타까움, 상대를 존경하지 않고 무책임하다고 생각하는 마음이 들킬 것에 대한 두려움, 가능성에 무게를 두지 못하고 부정적으로 생각하는 나에 대한 혐오감.

3단계　감정 뒤에 있는 가치관 발견하기

가치관	**어떤 점을 소중하게 생각하기에 그러한 감정이 되었는가? 감정에 얽힌 가치관을 끄집어내자.** • 리더의 사명 • 책임 • 혁신 • 좀 더 나은 미래를 위해 노력하는 것 • 성과주의 • 가능성에 대한 믿음 • 긍정적인 자세

경험	**그 가치관은 어떤 경험에 의해 형성되었는가?** 어렸을 때부터 리더였던 아버지를 보고 자랐다. 아버지의 사업이 오일쇼크로 위기를 맞았을 때는 온 가족이 힘을 합친 덕분에 무사히 극복할 수 있었다. 아버지는 한 우물을 파야 한다는 창업자의 경영 방식을 따라야 했던 탓에 업종을 다양화하는 데 애를 먹었다. 시대에 맞게 변하지 않으면 도태된다는 믿음은 이때 형성되었다. 또 그 무렵 소니의 창업자였던 모리타 아키오 씨가 영화 회사를 매수하고 전자기기 브랜드에서 콘텐츠 사업 회사로 확장해가는 모습을 보고 큰 감명을 받았다.
긍정적인 영향	**그 가치관은 언제 인생에 도움이 되는가?** • 결과를 내고 추진력을 발휘해야 할 때 • 변화를 이끌고 책임을 져야 할 때 • 가능성을 믿어야 할 때 • 위기 상황에서도 긍정적인 자세를 유지해야 할 때
부정적인 영향	**그 가치관은 언제 인생을 어렵게 만드는가?** • 한계가 명확하게 보이고 상황이 정체되거나 멈춰 있을 때면 존재의 이유를 잃어버린다. • 성과를 내지 못하면 의욕이 사라진다. • 미래에 대한 믿음이나 가능성이 보이지 않으면 우울해진다. • 우울함을 느끼면 자신이 싫어진다.

4단계 자기 변화를 위한 비전 세우기

바꾸고 싶은 점 다시 정리하기	**나의 어떤 점을 바꾸고 싶은가?** 변화에 부정적인 사람들도 마음속 깊은 곳에는 변화를 꿈꾸는 긍정적인 사고가 분명히 존재한다. 이 점에 집중해서 나의 의견을 분명하고 또박또박하게 전달하고 싶다. 미래지향적인 사람들 앞에서와 마찬가지로 열정적으로 말하고 에너지를 잃고 싶지 않다.
비전 세우기	**그 점을 바꾸면 무엇이 달라지는가? 나는 무엇을 얻기 위해 자기 변화를 꿈꾸는가?** 나의 책임을 다하고 싶다. 그들의 변화를 원하는 사람들의 기대에 부응하고 싶다. 회사나 조직을 위해서도 지금은 그들의 변화가 꼭 필요한 상황이다.

5단계 행동 계획 세우기

첫 번째 목표	**가장 먼저 할 일은 무엇인가?** 변화에 부정적인 사람들 앞에서 이야기할 기회가 생긴다면 머릿속에 가상의 인물을 만들어보자. 미래지향적이고 변화에 긍정적인 인물을 구체적으로 그린 뒤 회의실 한쪽에 그가 앉아 있다고 상상하는 것이다. 그가 좋은 생각이라고 반응해주고 크게 고개를 끄덕이며 이야기를 듣는 모습을 떠올리며 발표를 하겠다.

성패를 판단하는 기준	**무엇으로 성공 혹은 실패를 판단할 것인가?** 일정한 성량으로 힘 있게 이야기를 지속했는지, 상대를 믿고 긍정적인 자세로 발표했는지를 기준으로 삼겠다.
리플렉션 시기	**첫 번째 목표에 대한 리플렉션은 언제 할 것인가?** 회의가 끝난 뒤.
최종 목표	**최종적으로 나는 어떻게 달라지고 싶은가?** 변화에 부정적인 사람들도 달라질 수 있다고 진심으로 믿고 싶다. 그들 앞에서도 내가 전달하고 싶은 메시지를 분명하고 또렷하게 말하고 싶다.

리플렉션으로 내 안에 있는 리더십을 깨우자

리더십 편

2

이 시대에 필요한 조직형 리더

2장은 리더십을 키워주는 리플렉션 방법을 소개한다.

이 책에서 말하는 리더십이란 **말과 행동 혹은 존재만으로도 다른 사람을 주체적으로 움직이게 만드는 힘**을 가리킨다. 리더는 목적이나 비전 등 미래에 대한 생각과 계획을 가지고 있어야 하고, 또 이를 실현하기 위해 자신만의 영향력을 발휘해야 한다.

리더십에 대한 정의는 시대에 따라 달라졌다. 리더의 결단력과 조직의 실행력이 성과를 내던 시대에는 강한 카리스마를 가진 리더가 환영받았다. 요즘에는 성과를 내려면 새로운 가치를 만들어내고 변화에 유연하게 대응하는 힘이 필요하다. 개개인이 모두 리더십을 발휘하도록 이끄는 조직형 리더가 주목받는 것은 그 때문이다.

카리스마형 리더는 지시와 명령으로 사람을 움직인다. 이 경우에는 위기가 닥쳤을 때 리더의 계획을 빠르게 전달하여 팀원 모두를 한꺼번에 움직일 수 있다. 하지만 항상 지시와 명령으로만 조직을 움직이면 리더의 결정 없이는 일하지 않고, 늘 지시만 기다리는 집단이 되어버린다. 카리스마형 리더는 자신이 생각하지 않는 조직을 만들지는 않았는지 점검하면서 자신의 판단을 언제, 어떻게 전달할지 고민해야 한다.

조직형 리더는 **구성원 모두가 리더십을 발휘하도록 이끈다**.

조직에는 논리적 사고에 강한 사람이 있고, 계획과 절차를 세우는 데 특출난 사람도 있다. 팀원들을 즐겁게 해주는 분위기 메이커도 있고, 항상 냉정하게 판단하고 분석하는 사람도 있다. 이처럼 다양한 재능을 가진 사람이 모여 있기 때문에 개개인이 자신의 장점을 활용하여 조직에 기여한다면 구성원 한 사람의 능력이 곧 팀 전체의 강점이 될 수 있다.

조직형 리더는 피라미드 꼭대기에 앉아 군림하지 않고 모두가 동등한 팀을 만들고 그 안에서 리더십을 발휘한다.

이때 팀의 목적과 비전을 명확하게 세우는 것이 중요하다. 눈에 보이지는 않아도 구성원 모두의 마음속에 목적과 비전이 단단하게 자리잡고 있어야 한다. 리플렉션과 대화는 개개인이 동기의 원천과 이어지는 비전을 세우고, 회사와 개인의 목적을 일치시키는 데 큰 도움이 된다. 자세한 내용은 4장에서 다시 설명할 것이다.

진정한 리더란?

진정한 리더란 어떤 사람일까? 아마도 '이상적인 리더의 모습에 가장 가까운 사람'을 떠올리기 쉬울 것이다. 하지만 '진정한'의 진짜 뜻은 **나의 참모습에 가장 근접한 상태**이다. 말하자면 진정한 리더십이란 '가장 나다운 방식으로 만들어낸 리더십'을 의미한다. 진정한 리더는 자신의 약점을 보완해줄 사람을 잘 활용한다. 자신의 강점과 약점을 정확히 파악하고 자신이 세운 원칙을 지키고자 노력한다. 이러한 리더는 팀원에게 심리적 안정감을 준다.

유학 시절 비즈니스 스쿨에서 '권력과 영향력'이라는 리더십 강좌를 들은 적이 있다. 수업 마지막날 교수가 한 말도 진정한 리더에 관한 내용이었다.

> "지금까지 우리는 위대한 리더들의 업적과 그들이 발휘한 리더십에 대해 배웠습니다. 하지만 우리가 그들을 따라해봤자 진정한 리더는 될 수 없습니다. 진정한 리더십이란 개개인의 개성을 바탕으로 스스로 창조하는 것이기 때문입니다.
> 다른 리더를 흉내내는 데 그치지 말고 진정한 리더가 되길 바랍니다."

당시 교수님의 말을 들으면서 속으로는 '비즈니스 스쿨에 다니면 리더십을 배울 수 있을 줄 알았는데' 하며 안타까워했던 기억이 난다. 하지만 이후 리더십에 관한 다양한 경험을 하고 나니 교수님의 말이 옳았음을 깨달았다.

리더십을 키우기 위해서는 비즈니스 기술을 익히고 견문을 넓혀야 한다. 하지만 이보다 앞서서 **나를 아는 것**이 무엇보다 중요하다. 나를 정확하게 이해하고, 자신만의 원칙을 가진 리더만이 팀원에게 안정감을 줄 수 있다. 리더십이란 나의 말과 행동, 존재만으로도 발휘되는 힘이어서 내 안에 있는 리더십의 원천을 먼저 파악해야 한다.

리더십이 잘 발휘되었는지 아닌지는 상대방이 어떻게 행동하느냐를 보면 알 수 있다. 리더가 목적을 가지고 팀원을 이끌었을 때 구성원 개개인이 자신의 의지로 리더의 계획을 실행했다면 리더십이 올바르게 작동한 것이다. 만약 그렇지 않았다면 리더십이 제 기능을 하지 못한 것이다.

리더십을 기르려면 경험을 통해 학습하는 과정이 필요하다. 경험에서 배우는 리플렉션(77쪽)을 활용하여 리더십을 키우고 자신만의 영향력을 발휘해보자.

복습

- 리더십이란 말과 행동, 혹은 존재만으로도 다른 사람을 주체적으로 움직이게 만드는 힘이다.
- 구성원 모두가 자신의 강점을 활용하여 리더십을 발휘할 수 있는 조직을 만들어야 한다.
- 나를 정확하게 이해하고 자신만의 원칙을 지키는 진정한 리더가 되자.
- 리플렉션과 실천을 반복하면 가장 나다운 리더십을 발휘할 수 있다.

흔들리지 않는 원칙이 있어야 진정한 리더가 될 수 있다

진정한 리더는 자신을 포함한 팀원들의 다양성을 활용하여 강한 팀을 만들 수 있다. 이를 위해서는 흔들리지 않는 나만의 원칙을 가지고 있어야 한다. 원칙은 내 안에 있는 신념과 가치관, 내재적 동기에서 비롯된다. 이를 확실하게 세워두면 나의 개성이 빛나는 리더십을 발휘할 수 있다.

자신만의 원칙을 세우려면 리플렉션이 필수다. 내가 어디에서 왔고, 현재 어디에 있으며, 어디를 향해 가고 있는지를 알아야 나의 참모습을 기반으로 리더십을 키울 수 있다.

아래에 나오는 7가지의 리플렉션을 통해 자신을 이해하고 나만의 원칙을 세워보자.

나만의 원칙을 세우기 위한 리플렉션

- 그동안 나는 어떤 선택을 해왔는지 되돌아보기
- 나의 사명과 존재의 이유 밝히기
- 내가 소중히 여기는 가치관 밝히기
- 나의 비전 찾기
- 나의 강점 찾기
- 내가 가진 영향력의 원천 찾기
- 내가 생각하는 이상적인 리더상 그리기

원칙이 흔들리지 않도록 점검하는 법

리더도 사람이므로 일관성을 유지하고 싶어도 가끔은 흔들릴 때가 있다. 이때 자신의 중심을 잡아주는 것이 메타인지력이다. 인지의 4가지 구성 요소를 활용하여 자신의 내면을 리플렉션하는 습관을 들이면 흔들리는 자신을 메타인지 할 수 있다.

리플렉션으로 가장 먼저 점검해야 하는 것은 **가치관**과 **판단**이다. 나의 판단이 내가 소중하게 여기는 가치관을 바탕으로 했는지, 그렇다고 말할 수 있는 이유는 무엇인지 리플렉션 해보자.

또한 판단을 내릴 때는 감정이 큰 영향을 미치므로 자신의 감정을 리플렉션 하는 것도 중요하다. 판단의 배경에 어떤 감정이 있었는지 나의 마음을 들여다보는 것이다. 특히 분노, 초조함과 같은 부정적 감정이 영향을 미쳤다면 주의해야 한다. 부정적 감정은 이성적인 판단을 흐리게 만든다. 내 판단이 내가 중요하게 여기는 가치관으로부터 나왔는지, 내가 정한 원칙에 부합했는지를 꼼꼼히 확인하자.

리더는 조직문화를 만들 때 중요한 역할을 담당한다. 일관성을 유지하는 리더만이 팀원들의 본보기가 될 수 있고 이상적인 조직문화를 만들 수 있다. 조직문화를 형성할 때는 리더의 원칙이 탄탄한지부터 확인해야 한다.

일관성을 확인하려면 5가지 항목인 신념, 감정, 사고, 태도, 행동을 살펴봐야 한다. 다음에서 소개하는 사례를 통해 리더의 일관성을 확인해보자.

일관성을 확인하는 리플렉션

신념 믿음이 중요하다.

행동 믿음을 지키기 위해 부정적인 이야기도 솔직하게 말한다.

태도 항상 성실한 태도로 상대방을 대한다.

사고 '믿음을 저버리지 말고 더욱 굳건히 하자'는 생각을 가지고 있다.

그림2-1 리더의 일관성

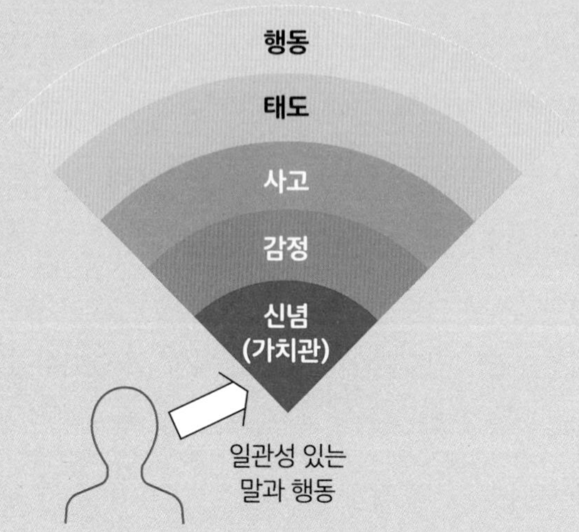

감정 (믿음을 지켰을 때) 기쁘다. (거짓말을 하거나 믿음을 저버리는 행위를 보면) 안타깝고 슬프다.

사례에서 나오는 리더는 **믿음**을 자신의 신조로 삼고 있다. 이를 위해 항상 성실한 태도로 상대방을 대하고, 부정적인 이야기도 솔직하게 털어놓고 있으므로 신념과 행동에 일관성이 있다고 볼 수 있다. 리플렉션을 통해 자신의 판단이나 행동이 '믿음이 중요하다'라는 신념에 반하지는 않았는지 점검해보면 내가 가진 신념에 대한 이해도도 높아진다.

리플렉션을 통해 일관성을 유지하고 이상적인 조직문화를 형성하는 데 도전해보자.

복습

- 흔들리지 않는 원칙을 가진 진정한 리더가 되려면 7가지 리플렉션을 실천하자.
- 신념, 행동, 태도, 사고, 감정을 점검하여 일관성을 유지하고 기준을 지켰는지 확인하자.

연습 나만의 원칙을 세우기 위한 리플렉션

1. 그동안 나는 어떤 선택을 해왔는지 되돌아보기

의견	지금의 나를 있게 한 인생의 결정과 선택은 무엇인가?
경험	그것은 어떤 경험이었는가?
감정	그 경험에는 어떤 감정이 얽혀 있는가?
가치관	그 결정과 선택에는 어떤 가치관이 영향을 미쳤는가?

2. 나의 사명과 존재의 이유 밝히기

의견	나의 사명과 존재의 이유는 무엇인가?
경험	사명을 다하기 위해 어떤 경험을 했는가?
감정	그 경험에는 어떤 감정이 얽혀 있는가?
가치관	이를 미루어볼 때 내가 소중하게 여기는 가치관은 무엇인가?

3. 내가 소중히 여기는 가치관 밝히기

의견	사명을 다하기 위해 내가 소중히 여겼던 가치관은 무엇인가?
경험	그 가치관을 위해 나 혹은 우리 팀은 무엇을 했는가?
감정	그 경험에는 어떤 감정이 얽혀 있는가?
가치관	그 경험에는 어떤 가치관이 작용했는가?

4. 나의 비전 찾기

의견	나는 무엇을 이루고 싶은가, 나의 비전은 무엇인가?
경험	그 비전을 중요하게 여기게 된 경험은 무엇인가?
감정	그 경험에는 어떤 감정이 얽혀 있는가?
가치관	이를 미루어볼 때 내가 소중하게 여기는 가치관은 무엇인가?

5. 나의 강점 찾기

의견	나의 강점은 무엇인가?
경험	나의 강점을 발견하게 된 경험은 무엇인가?
감정	그 경험에는 어떤 감정이 얽혀 있는가?
가치관	이를 미루어볼 때 내가 소중하게 여기는 가치관은 무엇인가?

6. 내가 가진 영향력의 원천 찾기

의견	내가 가진 영향력의 원천은 무엇인가?
경험	그렇게 생각하게 된 경험은 무엇인가?
감정	그 경험에는 어떤 감정이 얽혀 있는가?
가치관	이를 미루어볼 때 내가 소중하게 여기는 가치관은 무엇인가?

7. 내가 생각하는 이상적인 리더상 그리기

의견	어떤 리더가 되고 싶은가?
경험	그렇게 생각하게 된 경험은 무엇인가?
감정	그 경험에는 어떤 감정이 얽혀 있는가?
가치관	리더십을 발휘할 때 중요시해야 하는 가치관은 무엇인가?

나부터 의욕을 높이는 리더가 되자

리더가 되면 생각대로 되지 않는 현실에 스트레스를 자주 느낀다. 게다가 구성원들의 의욕을 올리기 위해 애쓰면서도 정작 자신의 의욕에 대해서는 신경 쓸 겨를이 없다. 결국 리더는 스스로 노력하여 자신의 의욕을 유지해나가야 한다.

간혹 어떤 리더는 팀원들의 의욕이 너무 낮다며 불평하곤 한다. 하지만 일반적으로 팀원들이 리더보다 의욕적이기는 어렵다. 이럴 때는 리더의 의욕을 더 끌어올리는 것이 우선이다. 아래에 나오는 두 가지 리플렉션을 통해 리더인 자신의 의욕을 키워보자.

- 원점으로 돌아가는 리플렉션
- 나를 해방시키는 리플렉션

원점으로 돌아가는 리플렉션

의견 애초에 나는 왜 이 일을 시작했는가? 무엇을 이루고 싶었는가?

경험 그렇게 생각한 배경에는 어떤 경험이 있는가?

감정 그 경험에는 어떤 감정이 얽혀 있는가?

가치관 이를 미루어볼 때 내가 소중하게 생각하는 가치관은 무엇인가?

위와 같은 리플렉션을 하면 원점으로 돌아가 내가 무엇을 위해 이 일을 시작했는지 체크할 수 있다. 이를 깨닫고 나면 일을 막 시작했을 때처럼 열정이 솟아난다. 팀 프로젝트 진행이 더디거나 공동 작업이 난관에 부딪혔다면 팀원들과 함께 해봐도 좋다. 기대 이상의 효과를 얻을 수 있다.

나를 해방시키는 리플렉션

의견 모든 걸 내려놓고 떠나고 싶은 세상은 어떤 모습인가?

경험 그곳에서 나는 무엇을 하고 있으며 누구와 함께 있는가?

감정 그곳에 있을 때 나의 감정은 어떤가?

가치관 이를 미루어볼 때 내가 소중하게 생각하는 가치관은 무엇인가?

'나를 해방시키는 리플렉션'은 일에 대한 의욕이 하나도 없을 때 효과적이다. 현실에 머물러 있기가 곤욕스럽다면 크게 마음먹고 모든 걸 떨쳐버리자. 나를 속박하는 책임과 역할에서 벗어나 내가 꿈꾸는 세상을 마음껏 상상해보는 것이다. 그리고 그 세상에는 어떤 인생이 있는지 들여다보자. 보통은 현실에서 벗어나 있다가 다시 자신의 본분으로 돌아가면 '그래, 해보는 거야'라는 마음이 생기기 마련이다. 또 한 발짝 물러서서 직면한 문제를 객관적으로 바라보면 문제를 해결할 아이디어도 얻을 수 있다. 만일 아무리 리플렉션을 해도 현실로 돌아오고 싶은 마음이 들지 않는다면 하고 있는 일을 처음부터 다시 살펴볼 필요가 있다. 경우에 따라서는 그 일에서 손을 떼는 것도 좋은 방법이다. 다만 이때는 나의 감정을 메타인지 해야 한다. 사람은 분노나 불안, 슬픔에 싸여 있을 때 올바른 판단을 내리기가 어렵다. 중요한 결정을 해야 한다면 일단 충분한 휴식을 취하고 몸과 마음을 재정비하자. 결정은 올바른 정신 상태로 돌아왔다고 판단된 다음에 해도 된다.

복습

- 팀원들의 의욕이 떨어져 있다면 리더인 자신의 의욕부터 점검하자.
- 의욕이 없다면 '원점으로 돌아가는 리플렉션'을 통해 초심을 찾아보자. 그래도 의욕이 생기지 않는다면 모든 걸 내려놓고 떠난 자신을 상상하면서 나에게 정말 중요한 것, 남기고 싶은 것은 무엇인지 확인하자.
- 중요한 결정은 올바른 정신 상태로 돌아왔을 때 하자.

마음을 다스릴 줄 아는 리더만이 살아남는다

어지럽게 변해가는 세상은 인간에게 큰 스트레스를 안겨준다. 그 안에서 뭔가를 이뤄내려면 마음을 잘 다스리는 기술이 필요하다. 마음을 다스리고 자신을 지켜내는 일은 앞으로 더욱 중요해질 것이다. 요즘에는 명상이나 마음챙김을 실천하는 사람도 많고 회복탄력성, 성장형 사고방식과 같은 내면을 다스리는 법에 관한 비즈니스 기술도 주목받고 있다.

마음챙김Mindfulness 모든 평가나 판단을 뒤로한 채 '지금, 여기'에 의식을 집중하는 훈련.

회복탄력성Resilience 실패나 좌절을 이겨내고 다시 일어서는 힘.

성장형 사고방식Growth Mindset 능력은 타고나는 것이 아니라 노력에 달려 있다는 믿음.

리플렉션은 마음챙김을 실천하고 회복탄력성이나 성장형 사고방식을 기르는 데 매우 효과적이다. 지금부터는 '마음 다스리기'에 초점을 맞춰 리플렉션하는 법을 살펴볼 것이다.

감정에는 가치관이 얽혀 있다

감정은 자신이 소중하게 생각하는 가치관과 연결돼 있다. 가치관이 충족되었을 때는 기분이 좋고, 무시당했을 때는 기분이 나쁘다. 이것으로 매우 간단하게 확인할 수 있다.

자신에게 중요한 가치관은 한 가지가 아니다. 리플렉션을 통해 가치관을 발견할 때마다 따로 정리해두면 의욕을 북돋거나 마음을 안정시키는 데 활용할 수 있다.

앞에서 **동기의 원천과 이어지는 비전을 가지면 잠재능력이 발휘되며, 창조적 긴장이 생겨나서 문제를 해결할 열쇠를 얻을 수 있다**고 설명했다. 비전과 가치관의 관계도 이와 마찬가지다. 꿈이나 비전이 자신이 소중히 여기는 가치관과 이어지면 내재적 동기에 의해 에너지가 샘솟고 사고력과 행동력이 올라간다. 자신이 소중하게 여기는 가치관이 무엇인지 많이 인지할수록 **내가**

언제 긍정적 혹은 부정적 감정이 되는지 예측할 수 있다.
예를 들면 나는 혁신이 자주 일어나는 환경에 있으면 기분이 좋아진다. 개방적이고 수평적인 인간관계를 선호하고, 어떤 의견이든 마음껏 주고받을 수 있는 동료를 원한다. 한 가지 목적을 위해 빠르게 가설을 세우고 검증해보는 과정이 좋다. 반면 형식적이고 딱딱한 인간관계나 관료적 성향이 강한 환경, 정해진 일만 반복해야 하는 상황에는 흥미가 없다. 그래서 가능하면 혁신적인 환경에서 보내는 시간을 늘리려고 노력한다.
자신의 감정을 메타인지 하는 것을 어렵게 생각하는 사람이 많다. 하지만 인지의 4가지 구성 요소를 사용하면 의외로 간단하게 감정을 확인할 수 있다.

감정의 리플렉션

감정 나는 지금 어떤 감정인가?

의견 어떤 의견을 가지고 있는가?

경험 그 감정과 의견의 배경에는 어떤 경험이 있는가?

가치관 그 감정과 의견의 배경에는 어떤 가치관이 있는가?

이처럼 인지의 4가지 구성 요소로 감정을 메타인지 하면 자신의 감정을 잘 다스릴 수 있다. 이 방법은 아이와의 관계에서도 유용하다. 예전에 나는 아이가 말을 듣지 않으면 “너는 왜 항상 그 모양이니?” 하고 화부터 낼 때가 많았다. 하지만 리플렉션을 시작한 뒤로는 아이에게 화가 나면 일단 내 감정을 분석해본다.

아이에게 화가 날 때의 리플렉션

감정 분노.

의견 게임이 끝나면 아이 스스로 게임기를 정리했으면 좋겠다.

경험 오늘은 하루 종일 힘들었다. 회의에서 내 제안에 동료가 불평을 늘어놓으며 동의해주지 않았다. 지친 마음으로 겨우 집에 왔는데 바닥에 아무렇게 놓인 게임기를 밟고 넘어질 뻔했다.

가치관 아이의 자립심, 동료들의 협력.

감정을 리플렉션 하는 습관을 들이면 자신의 감정에서 한 발짝 물러서서 상황을 냉정하게 판단할 수 있다. 감정 뒤에 가려진 경험을 되돌아보고, 분노의 화살이 아이에게 잘못 날아갔음을 깨닫는다.

“이토록 사소한 일에도 화가 나는 이유는 회의에서 동료가 내 제안에 반대했기 때문이다. 어쩌면 동료에게 느낀 서운함을 아이에게 풀고 있는지도 모른다.”

이처럼 리플렉션을 통해 자신의 감정을 객관적으로 이해하고 올바르게 바라보면 화가 났을 때 냉정함을 되찾을 수 있다. 화가 났을 때 순간적으로 튀어나오는 말과 행동은 아주 잠깐 속을 시원하게 해줄지는 몰라도 결국 나와 상대에게 상처를 준다. 분노를 느끼기 시작했다면 인지의 4가지 구성 요소를 활용하여 지금 내가 무엇에 화가 났는지 객관적으로 분석해보자. 분노의 진짜 원인을 파악하면 내가 진정 원하는 것이 무엇인지 명확해진다. 여기에 초점을 맞춰서 행동해야 바람직한 결과를 얻을 수 있다.

리플렉션으로 '지금, 여기'에 의식 집중하기

마음챙김이란 모든 평가나 판단을 뒤로 한 채 **지금, 여기**에만 의식을 집중하는 훈련이다.
일상생활을 하다 보면 '지금, 여기'에 의식을 집중하기 어려울 때가 많다. 온갖 고민과 걱정에 마음이 어수선하기 때문이다. 명상이나 요가로 마음을 차분하게 가라앉힌다 해도 막상 일상으로 돌아오면 그 상태를 계속 유지하기 어렵다. 그렇다고 곧바로 다시 명상을 할 수도 없는 노릇이다.

이때 유용한 것이 **실시간 리플렉션**이다. 지금 일어나는 일과 이 순간 느끼는 감정을 인지의 4가지 구성 요소로 리플렉션하면 필요할 때마다 마음챙김을 실천할 수 있다.

실시간 리플렉션은 특히 부정적인 감정이 생겼을 때 유용하다. 기분이 나빠진 순간 이유를 파악해 자신의 감정에서 벗어날 수 있다면 눈앞의 일에 집중할 수 있다.

다른 사람에게 화를 내본 경험을 통해 배운 게 하나 있다. 화가 났을 때 감정을 분출시키면 반드시 후폭풍이 찾아온다는 사실이다. 누군가에게 감정을 발산해버리면 그 순간에는 가슴이 시원하지만 얼마 지나지 않아 상대의 반격이 부메랑처럼 돌아온다. 상황은 악화되고 수습하는 데 더 많은 시간과 노력이 들어간다. 화가 났을 때는 감정을 분출시켜서 일을 크게 만들기보다는 잠시 숨을 고르며 생각을 정리해야 한다. 이때 필요한 것이 순간순간 일어나는 감정을 객관적으로 바라보는 실시간 리플렉션이다.

우리는 실시간 리플렉션을 통해 부정적인 감정에서 쉽게 벗어날 수 있다. 또한 장소에 구애받지 않고 집이나 회사, 어디에서든 실천할 수 있다. 다음 사례를 통해 회의 시간에 느낀 부정적인 감정에 대해 리플렉션을 해보자.

부정적인 감정에 대한 실시간 리플렉션

의견 회의에서 그 사람이 말을 시작하면 듣고 싶지 않다.

경험 그 사람은 늘 회의와 상관없는 말을 지나치게 길게 한다.

감정 짜증.

가치관 효율, 본질.

실시간 리플렉션을 통해 깨달은 점

나는 효율과 본질이라는 가치관을 중요하게 생각한다. 그래서 비효율적인 발언으로 회의의 본질을 흐트러뜨리는 사람의 말을 들으면 짜증이 난다. 내가 효율과 본질을 중요하게 생각한다고 해서 그 사람 때문에 내 감정이 좌지우지되는 것은 바람직하지 않다. 나의 가치관과 그 사람의 발언은 분리해서 생각하자.

내 마음의 주인은 항상 내가 되어야 한다. 내 마음을 흔들 권리도 나에게 있다. 다른 사람으로 인해 감정이 흔들린다면 남에게 내 마음을 좌지우지할 권리를 주는 것과 다름없다. 실시간 리플렉션을 통해 여기까지 생각이 미친다면 비교적 간단하게 부정적인 감정에서 벗어날 수 있다.

일단 부정적인 감정에서 벗어나 냉정함을 되찾으면 그다음에는 문제를 해결할 방법도 생각해낼 수 있다. 상대방이 회의에 맞는 발언을 하도록 적절한 질문을 던지거나 도움이 될 만한 정보를 미리 제공해주고, 다른 사람에게 피드백을 받아 전달하는 방법도 있다. 다양한 방법을 생각해서 문제 상황을 해결해보자.
이번에는 나만의 스트레스 대처법을 찾는 리플렉션을 해보자.

스트레스 대처법을 찾는 리플렉션

의견 나는 언제 마음이 편안해지는가?

경험 이와 관련된 경험은 무엇인가?

감정 그때 내 감정은 어떤가?

가치관 이를 미루어볼 때 내가 소중하게 생각하는 가치관은 무엇인가?

✦ 사례1 친구와의 대화

의견 믿을 수 있는 친구와 대화할 때.

경험 친구가 내 얘기를 들어주면서 "맞아, 나도 그래" 하고 말해주면 내가 틀리지 않았다는 생각이 든다. 물론 때로는 반성할 때도 있다.

감정 안정감.

가치관 연대, 공감.

✦ 사례2 동물과 교감하기

의견 동물과 교감할 때.

경험 어릴 때부터 개와 고양이를 키웠다. 개나 고양이에게 말을 하면 치유받는 느낌이다.

감정 안정감.

가치관 교감, 애정.

리플렉션으로 스트레스 대처법을 알아두면 스트레스가 심해질 때 마음을 다스릴 수 있다. 기분이 좋아지는 책이나 영화를 준비해두는 것도 좋은 방법이다.

부정적인 감정에 주의하기

부정적인 감정이 늘 나쁜 것만은 아니다. 예를 들면 운동선수들은 시합에 져서 분한 마음이 들 때 오히려 연습에 매진한다. 시합에 져서 속상한 마음이 다음 시합에서는 반드시 이기겠다는 비전으로 발전하고, 긍정적인 감정으로 탈바꿈하면서 의욕이 차오르는 것이다. 다음 시합에서의 승리는 오로지 자신의 노력에 달려 있기 때문에 부정적인 감정에 빠져 있을 여유조차 없다.
이처럼 부정적인 감정이 계기가 되어 비전이 탄생하기도 하지만 직장생활에서는 부정적인 감정을 비전으로 전환하는 과정이 그리 단순하지 않다. 회사에서는 나 혼자 힘으로는 해결할 수 없는 문제가 많기 때문이다. 인간관계에 관한 고민, 협력관계에서 생겨나는 갈등, 상사의 일방적인 방침 변경 등 부정적 감정을 불러일으키는 원인도 다양하고 여러 사람이 연관된 경우가 많다. 이럴 때는 우선 **리플렉션을 통해 지금 내가 부정적인 감정에 지배당하고 있다는 사실을 깨달아야 한다**. 자신의 감정을 메타인지 하면 부정적인 감정을 일으킨 원인을 객관적으로 살피고 문제를 해결할 방법에 집중할 수 있다. 원인을 제거해야 할지, 원인에서 일정 거리를 유지해야 할지, 아니면 자신의 관점을 바꿔서 현실을 받아들여야 할지 다양한 대처 방법을 생각하고 선택할 수 있다.

부정적인 감정 상태로는 올바른 판단을 내릴 수 없다. 몸과 마음이 지쳐 있을 때는 판단력이 흐려진다. 내 감정은 오로지 나만이 이해할 수 있다. 부정적인 감정에 휩싸여 있다면 일단은 리플렉션을 통해 나의 감정과 그 감정을 불러일으킨 원인을 파악해보자. 실시간 리플렉션으로 '지금, 여기'에 의식을 집중하면서 마음의 변화를 감지해내면 감정에 휘둘리지 않고 현명한 판단을 내릴 수 있다.

리플렉션으로 회복탄력성 키우기

펜실베이니아 대학교 심리학 교수 캐런 레이비치Karen Reivich 박사는 회복탄력성을 **인간이 역경을 딛고 일어나 다시 성장하는 힘**이라고 정의했다.

자신을 메타인지 하는 리플렉션은 회복탄력성을 높이는 데 큰 도움이 된다. 회복탄력성을 구성하는 핵심 기술 가운데 **자기인식력, 충동조절력, 낙관성, 자기효능감**을 중심으로 리플렉션 활용법을 알아볼 것이다.

1) 자기인식력

사람은 가치관이 충족되었을 때 긍정적인 감정이 되고, 반대인 경우에는 부정적인 감정이 된다. 긍정적 혹은 부정적 감정이 되었을 때 내가 왜 그렇게 느끼는지 자신에게 질문하자.

자기인식력을 높이는 리플렉션

감정 즐거움.

의견 나는 지금 왜 즐거운가?

경험 어떤 경험이 나를 즐겁게 하는가?

가치관 나는 어떤 가치관이 충족되면 즐거운가?

감정 분노.

의견 나는 지금 왜 화가 났나?

경험 어떤 경험이 나를 화나게 하는가?

가치관 나는 어떤 가치관이 무시당하면 화가 나는가?

2) 충동조절력

메타인지력이 높을수록 충동조절력도 높아진다. 다시 말해 리플렉션을 통해 자신의 감정, 사고, 행동을 메타인지 하면 충동조절력을 키울 수 있다는 뜻이다. 여기서는 초급부터 상급까지 메타인지력의 단계별 수준이 어떠한지 설명할 것이다. 나의 수준을 파악해서 상위 단계로 올라가기 위해 노력해보자.

초급 자신의 경험을 분석하고 이해할 줄 안다

자신의 경험을 분석하고 이해할 수 있는 단계다. 인지의 4가지 구성 요소를 활용하여 자신의 내면을 객관적으로 살펴볼 수 있는 수준에 해당한다.

중급 **자신이 특정 정보를 확대 해석하고 있음을 깨닫는다**

우리는 수많은 정보 중에서 특정한 것을 선택하여 인지한다. 내가 인지하는 내용은 나의 감각이 선택한 정보다. 어떤 사람의 특정 행동이 신경 쓰이려면 나의 감각이 그 정보를 선택하고 이를 확대 해석하는 과정이 필요하다. 내가 어떤 사람의 행동에 온 신경을 빼앗기는 데 반해 주변 사람들은 아무도 이를 문제 삼지 않는다면 내가 특정 정보를 확대 해석하고 있다는 뜻이다.

내가 특별히 중요시하는 가치는 무엇이고, 어떤 정보에 예민하게 반응하는지 파악할 수 있는 사람은 중급 단계라고 볼 수 있다.

상급 **내 감정을 지배하는 것이 나의 가치관임을 안다**

경험을 어떻게 인지하느냐는 그 사람의 가치관에 달렸다. 이 점을 이해했다면 분노의 원인이 상대방에게 있다는 생각이 잘못된 것임을 알게 된다. 지금 내 앞에 있는 사람은 어디까지나 분노를 발산시키게 만든 방아쇠일 뿐이다. 분노라는 감정을 선택한 것은 결국 나의 가치관이다. 꽤나 높은 수준의 메타인지력을 지녀야만 도달할 수 있는 단계지만, 여기까지 생각이 미친다면 자신의 감정을 유연하게 통제할 수 있다.

자신의 마음을 움직일 수 있는 사람은 나뿐이다. 주변 사람이나 환경이 내가 소중하게 여기는 가치관을 위협하면 그것이 계기가 되어 부정적인 감정에 휩싸이고 만다. **내가 어떤 가치관에 지배당하고 있는지를 알아두면 자신의 마음을 제어하는 능력을 키울 수 있다.**

3) 낙관성

낙관적인 사람은 사물의 가능성을 먼저 보고, 비관적인 사람은 사물의 위험성을 먼저 본다. 낙관적인 사람이 되고 싶다면 미래지향적인 관점을 가지고, 항상 무한한 가능성에 주의를 집중해야 한다. 비관적인 생각이 자꾸만 머릿속에 떠오른다면 지금 일어나고 있는 일을 미래지향적인 관점으로 바꿔서 파악하고 그 안에 담긴 무한한 가능성을 분석하자.

생각을 낙관적으로 바꾸는 리플렉션

✦ 비관적인 리플렉션

의견 신규 사업의 목표 매출이 너무 높다.

경험 고객도 아직 없고, 직원들도 경험이 부족하다.

감정 걱정, 두려움.

가치관 현실주의, 위험성.

똑같은 상황을 미래지향적인 관점으로 바꿔서 보고 그 안에서 가능성을 찾자.

✦ 낙관적인 리플렉션

의견 신규 사업의 목표 매출을 달성하면 회사 안팎으로 좋은 영향을 미친다.

경험 잠재적 고객이 있을 것이고, 직원들은 새로운 경험을 쌓을 수 있다.

감정 설렘.

가치관 미래지향성, 무한한 가능성.

리플렉션을 한 번만 하고 끝내서는 안 된다. 자신의 기존 가치관을 확인하고, 미래지향성과 무한한 가능성에 초점을 맞춰 상황을 다시 파악해보는 과정을 반복해야 한다. 틀림없이 낙관적인 사고방식을 지니게 될 것이다.

4) 자기효능감

우리는 자신의 유능함에는 무던한 경향이 있다. 다른 사람의 눈으로 봤을 때는 분명히 대단한 성과를 올리고 있는데도 스스로는 이를 인식하지 못하는 것이다. 잘하는 일을 할 때는 힘이 덜 들고 특별히 고생스럽지 않다 보니 그 일의 가치를 낮게 평가하기도 한다. 반면 자신이 서툰 일은 크게 인식하는 경향이 있어서 자기효능감이 낮아지기 쉽다.

자기효능감을 높이려면 경험에서 배우는 리플렉션(77쪽)을 활용해야 한다. 성공과 실패를 되돌아보면서 성공한 일에 대해서는 충분히 칭찬하고, **실패한 일을 통해서는 배워가는 습관을 들이면 모든 경험이 자기효능감을 올리는 효과를 낳는다.**

경험에서 깨달음을 얻을 수 있다면, 실패도 의미 있는 경험이자 앞으로의 성장을 돕는 과정이 된다. 경험을 되돌아보면서 완벽하지 않은 자신을 받아들이고 자기효능감을 높여보자.

리플렉션으로
성장형 사고방식 갖기

'성장형 사고방식'이란 스탠퍼드 대학교 심리학 교수 캐럴 드웩Carol Dweck이 주장한 개념으로 **능력은 타고나는 것이 아니라 노력에 달려 있다는 믿음**을 말한다. 이와 반대로 능력은 타고나는 것으로 노력해도 소용없다고 보는 관점을 '고정형 사고방식'이라고 한다. 난관에 부딪혔을 때 성장형 사고방식과 고정형 사고방식 중 어느 것을 택하고 따르느냐에 따라 성장 속도가 크게 달라진다. 막다른 골목에 다다랐다면 나는 지금 어떤 사고방식을 따르고 있는지 메타인지 해보자. 인지의 4가지 구성 요소를 활용하면 내가 선택한 것이 성장형 사고방식인지 고정형 사고방식인지 객관적으로 파악할 수 있다.

만일 고정형 사고방식을 택하고 있다면 자신의 생각을 성장형 사고방식으로 바꾸기 위해서 과거의 성공 경험을 떠올려보자. 적극적으로 부딪혀서 문제를 해결한 경험이나 무모한 도전이라고 생각했는데 예상외로 큰 성과를 낸 경험 말이다. 그리고 **과거의 성공 경험을 리플렉션하면서 긍정적인 경험을 충분히 되새기고 깊이 이해해보자**. 그 당시의 감정과 경험을 다시 떠올리다 보면 나의 경험이 증명해주고 있는 성장형 사고방식을 내 것으로 만들 수 있다.

과거의 성공 경험에 대한 리플렉션

의견 노동시간 감축을 위한 도전은 불가능에 가까운 일이었다.

경험 노동시간 감축에 대한 회사의 방침이 내려졌을 때만 해도 우리 부서는 야근이 잦았다. 처음에는 다들 어떻게 일하는 시간을 줄이느냐며 불가능하다고 했지만, 모두가 힘을 모아 업무를 분리하고 효율적으로 일할 방법을 찾고 자동화 시스템을 도입한 결과 야근이 사라지기 시작했다. 결국 우리 부서는 노동시간을 감축했고 다른 팀에 본보기가 되었다.

감정 (처음) 절망. (도중) 불안. (성과를 냈을 때) 기쁨, 신기함.

가치관 해보지 않으면 알 수 없다. 하면 된다.

만약 성공 경험이 없다면 다른 사람의 경험을 활용해도 좋다. 다른 사람의 성공 경험을 간접 체험해보면 성장형 사고방식에 대한 믿음이 생긴다. 다른 사람의 노력과 성공에 관한 이야기를 자주 접하고 성장형 사고방식을 뒷받침해주는 사례를 모아보자.

리플렉션으로 웰빙 실천하기

요즘에는 '웰빙'이라는 말이 자주 쓰인다. 웰빙이란 '몸과 마음의 편안함과 행복을 추구하는 사고방식'으로, 쉽게 말하면 '건강하고 행복하게 살자'는 뜻이다. 행복한 삶을 원하지 않았던 적은 없었으니 새삼스럽게 언급할 필요가 있을까 싶지만, 웰빙은 요즘 실로 다양 분야에서 인생 최대 목표로 손꼽힌다.

웰빙을 실현하려면 건강, 안전, 경제적 자립과 같은 보편적인 기준이 충족돼야 한다. 하지만 여기서는 **내가 원하는 웰빙**에 주목하고 싶다. 사람마다 웰빙에 대한 정의가 다르기 때문이다.

행복해지기 위해 업무적인 성과와 성장을 중요시하는 사람도 있고, 일과 삶의 균형을 최우선시하는 사람도 있다. 또 어떤 사람은 일보다는 취미가 삶의 중심을 차지하기도 한다. 따라서 웰빙에 대한 나만의 정의를 내리는 것이 중요하며, 이를 위해서는 리플렉션이 필요하다.

행복에 관한 연구로 유명한 게이오기주쿠 대학교의 마에노 다카시前野隆司 교수는 행복해지려면 네 가지만 실천하면 된다고 한다.

한번 해보자, 고마워, 어떻게든 되겠지, 나답게 하자라는 태도만 유지하면 누구나 행복해질 수 있다는 것이다. 참으로 간단하면서도 강력한 힘을 지닌 이론이다. 마에노 교수가 말하는 행복을 위한 네 가지 태도는 긍정적인 감정을 북돋아준다. 또 앞에서 설명한 **마음챙김, 회복탄력성, 성장형 사고방식**과도 일맥상통하는 부분이 있다.

결국 웰빙도 내 마음의 문제로 귀결되지만 항상 자신의 마음을 다스리면서 긍정성을 유지하기란 쉽지 않다. 그래서 부정적인 감정을 긍정적인 감정으로 바꾸는 리플렉션이 필요하다. 다만 이때 주의해야 할 점이 있다. 부정적인 감정을 떨쳐내는 과정에서 모든 감정을 지우고 감정을 '무'無의 상태로 만들어서는 안 된다는 점이다.

우리의 뇌는 부정적인 감정에 뚜껑을 덮어버리면 긍정적인 감정까지 가려지도록 설계되어 있다. 감정은 양면적이라 부정적인 감정과 긍정적인 감정이 복잡하게 얽혀 있다. 감정 가운데서 긍정적인 것만 골라 취하고, 부정적인 것만 떼어서 버리기란 쉽지 않은 일이다.

따라서 부정적인 감정을 인지의 4가지 구성 요소로 파악하고 이해한 다음 긍정적인 감정으로 전환하는 과정이 필요하다.

여러 차례 말했지만 부정적인 감정은 내가 소중히 여기는 가치관이 무시당했을 때 나타난다. 이 점을 이해해서 먼저 부정적인 감정에 휩싸인 나를 인정하고, 새로운 관점을 받아들여야 한다.

마음은 외적 요인에 의해 쉽게 좌우된다. 일이 잘 풀리거나 재밌는 영화를 볼 때, 혹은 마음 맞는 친구와 대화하거나 한적한 곳에서 평온한 시간을 보내면 기분이 좋아진다. 일상에서 마주치는 다양한 사건에 따라 시시때때로 마음의 풍경은 변화한다. 하지만 외적 요인은 마음을 움직이게 한 계기일 뿐 마음을 진짜 다스린 건 어디까지나 나다. 일상에서 마주치는 다양한 사건들을 어떻게 받아들이고 해석할지 결정하는 사람은 나다. 부처님의 가르침에도 나오듯이 모든 것은 마음먹기에 달려 있다.

어떤 상황이 닥쳐도 마음이 흔들리지 않으려면 리플렉션을 통해 자기 자신을 꿰뚫어 보는 힘을 키워야 한다. 나를 정확하게 파악해서 자신의 마음을 잘 다스리는 리더는 팀원들에게도 긍정적인 영향을 미친다. 마음을 다스리는 리플렉션을 실천해서 팀 전체가 웰빙할 수 있도록 이끌어보자.

복습

- 실시간 리플렉션으로 '지금, 여기'에 의식을 집중하자.
- 리플렉션으로 나만의 스트레스 대처법을 알아두자.
- 인지의 4가지 구성 요소를 활용한 리플렉션으로 회복탄력성을 키우자.
- 성공 경험을 리플렉션해서 성장형 사고방식을 갖자.

유연하게 생각하는 리더가 되자

새로운 도전을 할 때는 최선의 선택을 하기 위해서 기존의 가치관을 버리고 전례를 답습하지 않는 사고방식이 필요하다. 이직해 경력을 쌓거나 업무상 필요한 판단을 내릴 때도 시대의 변화에 맞는 유연한 사고방식을 가져야 살아남을 수 있다.

새로운 과제를 수행할 때는 창조력이 핵심 기술이 된다.

이탈리아의 천재 디자이너 브루노 무나리Bruno Munari는 저서 《판타지아》(두성북스, 2009)에서 창조력에 대해 다음과 같이 말했다.

창조력이 발휘되려면 기민하고 유연한 지성이 필요하다.

말하자면 선입견 없이 자유롭고, 자신에게 득이 되는 것이라면 때와 장소를 가리지 않고 배우려 하며, 더 나은 의견을 만났을 때는 자신의 의견을 과감히 수정하는 사고방식이다.

그래서 창조력이 있는 사람은 쉬지 않고 진화를 거듭한다. 다양한 분야에서 새로운 지식을 끊임없이 받아들이고 또 그 지식을 확장해가면서 창조력이 지닌 가능성을 끊임없이 키워나간다. 창조력이 결여된 사람은 불완전하며 자신을 가로막는 다양한 문제에 맞서기보다는 창조력을 지닌 다른 누군가에게 도움을 요청한다.

브루노 무나리의 말처럼 내가 가진 창조력을 마음껏 발휘하려면 선입견 없는 유연한 사고방식이 필요하다.

우리의 가치관과 사고방식은 다양한 경험을 통해 형성된다. 특히 뇌리에 강하게 남은 경험과 감정을 토대로 형성된 가치관은 이후의 삶과 판단에 결정적인 영향을 미친다. 그래서 어떤 일에서 성공한 경험과 그때 느낀 긍정적인 감정은 쉽게 잊히지 않는다.

하지만 사고의 유연성을 기르려면 성공 경험에서 형성된 가치관도 필요에 따라 버릴 줄 알아야 한다. 성공 경험은 분명히 멋진 추억이지만 여기에 기반한 판단이 항상 최선일 수는 없다. 새로운 세상을 만났을 때 그 안에서 깨달음을 얻으려면 아무런 선입견 없이 뛰어드는 자세가 필요하다. 평가와 판단은 뒤로 미루고 새로운 세상을 가만히 들여다봐야 한다.

그럼 지금부터 실전으로 들어가서 사고의 유연성을 기를 방법을 알아보자.

자신의 사고를 메타인지 하기

사고가 유연해지려면 우선 내 생각은 무엇인지, 나는 어떤 경험과 가치관에 예민하게 반응하는지 객관적으로 파악해야 한다. 다른 사람의 생각을 받아들이려면 생각의 바탕에 놓인 가치관까지 이해해야 하는데, 이를 위해서는 내가 중요시하는 가치관이 무엇인지부터 명확하게 알아야 한다. 따라서 자신의 사고를 메타인지 하는 과정이 필요하다.

성공 경험뿐 아니라 실패에서 얻은 깨달음도 뇌에 강하게 각인된다. 이번에는 실패 경험을 사례로 자신의 사고를 메타인지 하는 리플렉션을 해보자.

자신의 사고를 메타인지 하는 리플렉션

회의에서 나온 신규 사업 기획안에 반대하고 싶다. 내가 신규 사업을 반대하게 된 배경은 무엇인지 메타인지 해보자.

리플렉션을 위한 질문

내 생각은 어떤 경험에 의해 형성되었는가?

어떤 가치관이 중요하다고 생각하는가?

의견 계속해서 신규 사업을 기획하는 데 찬성할 수 없다. 신규 사업은 단기적인 수익을 내는 데는 도움이 될지 모르지만 오래 살아남는 사업으로 발전하기는 어렵다. 순간적인 시장의 요구에만 반응할 뿐이다.

경험·감정 이전 회사에서 계속해서 신규 사업을 내놓은 적이 있다. 모든 사업이 나름대로 성공했고 투자금도 회수했지만, 사업의 생명력이 짧아서 결국에는 또다시 새로운 일을 기획해야만 했다. 새로운 것도 좋지만 고객에게 오래도록 사랑받는 일을 보면 부러운 마음이 든다.

가치관 오랫동안 사랑받고 인정받는 사업.

리플렉션을 통해 알게 된 나의 가치관

단기적인 수익을 올리는 일보다는 길게 사랑받는 사업을 기획하고 싶다.

리플렉션 후의 행동

선입견을 버리고 회의에 참여한다. 상대방의 의견을 대할 때는 기획 의도가 무엇인지부터 확인한다. 단기적인 수익만 추구하는지, 장기적인 발전도 염두에 두고 있는지를 구체적으로 살핀다.

과거의 경험에만 얽매여 있으면 새로운 세상에 발을 들이지 못한다. '나는 맞고 상대방은 틀리다'라는 자세로는 한 걸음도 앞으로 나아갈 수 없다.

상대방의 경험과 가치관으로 바꿔서 생각해보기

어떤 의견을 가지게 된 배경에는 경험이 존재한다. 사람의 경험이 바뀌면 그 사람의 의견도 달라지는 것이다. 마찬가지로 판단 기준이나 가치관이 바뀌어도 의견은 달라진다. 사고의 유연성을 키우고 다른 사람의 의견을 받아들이려면 상대방의 경험과 가치관으로 바꾸어 생각해볼 필요가 있다.

상대방의 경험과 가치관으로 바꾸어 생각해보는 리플렉션

신규 사업을 꾸준히 개발하자고 주장하는 사람은 어떤 경험과 가치관을 가지고 있을까?

리플렉션을 위한 질문

상대방의 경험과 가치관으로 바꾸어 생각하면 어떤 의견이 나올까?

의견 신규 사업을 계속 기획하고 싶다.

경험·감정 지금의 고객층을 확보하고 회사의 이름을 알리는 데는 새로운 발상으로 기획한 신규 사업이 큰 역할을 했다. 다른 회사보다 앞서서 새로운 아이디어를 현실화하는 힘이 회사의 생명력을 좌우한다고 믿는다. 새로운 사업을 구상하지 않는 것은 곧 회사의 도태를 의미한다.

가치관 고객들의 기대에 부응하기, 회사의 발전, 새로운 아이디어를 실현하기.

상대방의 경험과 가치관으로 바꾸어 생각해본 결과 무엇을 깨달았는가?

신규 사업은 단기적인 수익만 창출할 뿐 장기적인 효과는 낳지 못한다고 믿었다. 사업의 내용을 평가하기도 전에 무조건 신규 사업은 단기적인 수익만 추구하는 일이라고 치부한 것은 나의 선입견이다.

자신의 틀에서 벗어나 상대방의 경험과 가치관을 바탕으로 생각해보면 내가 가진 선입견이 무엇인지 객관적으로 파악할 수 있다.

인지의 4가지 구성 요소로 다른 사람의 생각을 상상해보기

나와 다른 경험을 하고, 다른 입장에 놓인 사람은 인지의 구조도 나와 다르다. 인지의 4가지 구성 요소를 활용하여 다른 사람의 인지 구조를 파악하다 보면 나의 경험과 가치관이 쌓아 올린 틀에서 벗어날 수 있다. 그뿐 아니라 다른 사람의 생각을 상상하면 공감력이 올라가고 그 사람과 신뢰관계를 쌓는 데도 도움이 된다.

리플렉션을 위한 질문

A의 인지는 어떤 의견, 경험, 감정, 가치관으로 이루어져 있을까?

리더라면 놀라움과 위화감을 느낄 만한 곳으로 적극적으로 나아가야 한다. 낯선 사람들과 대화하면서 상대방의 생각을 인지의 4가지 구성 요소로 파악해보는 것이다. 조금 어렵게 느껴진다면 처음에는 가까운 사람들의 생각부터 상상해봐도 좋다. 가족이나 연인처럼 내가 소중하게 생각하는 사람들의 인지 구조를 상상해보면 상대방이 어떤 가치관을 가지고 있는지 알게 되어 관계가 더욱 깊어진다. 또한 세대 차이를 느끼는 상대나 조금 거리감 있는 사람, 도무지 이해하기 힘든 사람의 생각도 인지의

4가지 구성 요소로 분석해보자. 틀림없이 그 사람의 마음을 이해하는 계기가 될 것이다.
다른 사람의 생각을 분석하고 상상해보면서 내가 쳐놓은 경계선 밖으로 자주 나가본 사람은 유연하게 사고할 줄 안다. 때로는 나의 상식이 전혀 통하지 않는다는 사실을 알고 내 생각을 처음부터 다시 살펴보기 때문이다. 평가나 판단은 뒤로 미룬 채 다양한 사람들의 세상 속에서 함께 호흡하면 쉽고 자연스럽게 깨달음을 얻을 수 있다.
일상생활 속에서 놀라움이나 위화감을 느꼈다면 사고의 유연성을 기를 기회가 찾아왔다는 뜻이다. 적극적으로 나서서 기회를 잡자.

놀라움과 위화감을 느꼈다면 리플렉션을 하자

우리는 매일 다양한 종류의 위화감을 느끼고 또 갑작스러운 변화에 놀라기도 한다. 이럴 때는 멍하니 지나치지 말고 반드시 리플렉션을 하고 넘어가자.

1단계 놀라움과 위화감의 배경 파악하기

놀라움과 위화감을 느꼈다면 나에 대해 알아볼 기회가 온 것이다. 인지의 4가지 구성 요소를 활용하여 지금 내가 왜 놀라워하는지 메타인지 해보자.

의견 어떤 일에 놀라움이나 위화감을 느꼈는가?

경험 이와 관련된 경험은 무엇인가?

감정 그 경험에는 어떤 감정이 얽혀 있는가?

가치관 이를 미루어볼 때 내가 소중하게 여기는 가치관은 무엇인가?

2단계 리플렉션을 통해 깨달은 점 정리하기

인지의 4가지 구성 요소를 통해 놀라움과 위화감을 준 경험과 이유, 그리고 감정의 바탕에 자리한 가치관을 정리해보자.

의견 놀라움과 위화감을 느낀 이유는 무엇인가?

경험 이와 관련된 경험은 무엇인가?

감정 그 경험에는 어떤 감정이 얽혀 있는가?

가치관 이를 미루어볼 때 내가 소중하게 여기는 가치관은 무엇인가?

3단계 질문하기

1~2단계에서 분석한 내용을 토대로 나에게 필요한 질문을

생각해보자.

4단계 행동 방향 정하기

리플렉션한 내용을 바탕으로 앞으로의 행동 방향을 정해보자.

위화감이나 놀라움을 느꼈다면 그 이유를 인지의 4가지 구성 요소로 분석해보자. 내가 어떤 가치관과 사고방식을 가졌는지 확인할 수 있다. 그리고 변화가 필요하다면 감정의 배경에 있는 가치관에 주목해서 이를 어떻게 고쳐나가면 좋을지 생각하자.

미지의 세상에는 배울 점이 가득하다

미지의 세상으로 가보는 경험은 사고의 유연성을 높이는 데 매우 효과적이다.

나는 4년 전부터 아프리카의 잠비아에서 차세대 리더 양성 프로그램을 운영하고 있다. 잠비아에서의 생활은 놀라움과 위화감의 연속이어서 리플렉션을 위한 질문이 끊임없이 터져나온다.

잠비아에서는 현지의 직장인과 농민, 행정기관 및 NGO 활동가들과 교류하며 잠비아의 정치·경제·사회 문제에 대해 배웠다. 이곳에서 얻은 가장 큰 보물은 나의 내면에서 일어난 변화다. 나는 잠비아에서의 경험을 인지의 4가지 구성 요소로 리플렉션 하고 동료들과 대화를 나누어보았다. 그러자 내 놀라움과 위화감은 하나씩 깨달음으로 바뀌었다. 짧은 기간에 상상도 못할 만큼 많은 위화감과 놀라움을 겪은 덕에 사고의 유연성도 크게 올라갔다.

미지의 세상에서 겪은 일을 리플렉션하는 과정은 앞에서 나온 '놀라움과 위화감을 느낄 때 리플렉션 하기'(159쪽)와 기본적으로 같다. 다만 여기서는 어떻게 하면 미지의 세상에서 깨달음을 얻고 이를 활용할 수 있는지에 주목해 설명해볼 것이다.

✦ 1단계　놀라움과 위화감의 배경 파악하기

의견　잠비아 사람들은 물질적으로 풍족하지 않은데도 행복해 보인다.

경험　우리나라 사람들은 물질적인 풍요로움이 행복을 가져다준다고 믿는다. 돈이 없으면 좋은 교육을 받을 수 없고 여행도 갈 수 없기 때문이다.

감정　기쁨.

가치관　물질적인 풍요로움, 행복.

✦ 2단계　리플렉션을 통해 깨달은 점 정리하기

의견　지금까지 나는 경제적으로 풍요로워야 행복해질 수 있다고 믿었다. 그래서 회사의 발전과 나의 성장을 위해 열심히 일했다. 잠비아에 오기 전까지만 해도 나는 우리나라 사람이 잠비아 사람보다 행복하리라고 생각했다. 하지만 잠비아 어린이들의 환한 웃음과 홈스테이를 통해 만난 가족이 서로 도우며 행복하게 사는 모습을 보고 생각이 달라졌다. 우리나라 사람이 경제적으로 훨씬 풍요롭다고 해서 잠비아 사람보다 더 행복하다고 볼 수는 없었다.

경험　1단계 내용 참고.

감정　놀라움.

가치관　행복 추구, 웃음, 행복하다고 느끼는 마음.

✦ 3단계　질문하기

1, 2단계에서 분석한 내용을 토대로 나에게 필요한 질문을 생각해보자.

놀라움과 위화감을 느낀 경험에서 배운 점을 활용하려면 리플렉션을 통해 드러난 '가치관'에 주목해서 지금 나에게 어떤 질문이 필요할지 생각해야 한다. 위 사례에서는 '행복 추구'가 중요한 가치관이므로 행복 추구에 대한 기존의 생각을 어떻게 바꾸면 좋을지 판단해야 한다. 이처럼 새로운 가치관을 받아들이기 위해서는 기존의 가치관을 수정하는 과정이 필요하다.

질문 지금 나에게 필요한 질문은 무엇일까?
우리나라와 같은 방식의 경제 발전이 과연 개발도상국 사람들의 행복을 위한 길일까?

이제 리플렉션한 내용을 바탕으로 앞으로의 행동 방향을 정해보자.

✦ 4단계 행동 방향 정하기

행동 방향 '사회가치 창조'라는 경영 이념에 따라 우리 회사는 잠비아에서 새로운 사업을 펼치고자 한다. 사업전략을 세울 때 선진국의 모델을 그대로 따를 것이 아니라 현지 사람들이 행복한 사회를 만드는 데 초점을 맞춰야겠다.

놀라움과 위화감을 통해 배운 새로운 가치관은 미래를 바꿀 힘을 가졌다. 새로운 가치관은 나의 행동을 변화시키고 때로는 전략이나 계획을 수정하게 만든다.

리플렉션의 궁극적인 목적은 깨달음을 얻는 것이 아니라 **깨달음을 활용하는 것**이다. 새로운 가치관을 받아들였다면 앞으로 행동할 때 이를 적극적으로 활용해보자.

연습 놀라움과 위화감이 느껴질 때 리플렉션 하기

1단계 놀라움과 위화감의 배경 파악하기

의견	**어떤 일에 놀라움이나 위화감을 느꼈는가?** 2011년 8월《뉴욕타임스》에 실린 인터뷰 내용. 미국 듀크 대학교에서 연구하는 캐시 데이비슨에 따르면 2011년도에 입학한 미국 초등학생 중 65퍼센트는 대학 졸업 후에 지금은 존재하지 않는 직업을 가질 것이라고 한다.
경험	**이와 관련된 경험은 무엇인가?** 나는 아이를 교육할 때 아이의 성향과 욕구에 맞는 직업을 미리 가정한 후 이에 따른 진로나 진학을 생각해왔다.
감정	**그 경험에는 어떤 감정이 얽혀 있는가?** 불안, 신중함.
가치관	**이를 미루어볼 때 내가 소중하게 여기는 가치관은 무엇인가?** 계획, 예측, 행복.

2단계 리플렉션을 통해 깨달은 점 정리하기

의견	**놀라움과 위화감을 느낀 이유는 무엇인가?** 65퍼센트의 아이들이 대학 졸업 후 지금은 존재하지 않는 직업을 갖는다면 장래의 직업을 미리 가정한 뒤 진로를 결정해서 계획적으로 교육하는 것이 의미가 없다.
경험	**이와 관련된 경험은 무엇인가?** 1단계 내용 참고.
감정	**그 경험에는 어떤 감정이 얽혀 있는가?** 불안.
가치관	**이를 미루어볼 때 내가 소중하게 여기는 가치관은 무엇인가?** 올바른 교육 방침.

3단계 질문하기

1~2단계에서 분석한 내용을 토대로 나에게 필요한 질문을 생각해보자.

질문	**지금 나에게 필요한 질문은 무엇일까?** 미래를 예측하기 어려운 시대에는 무엇을 교육 방침으로 삼아야 할까? 앞으로는 '교육 방침'이라는 것을 어떻게 정의 내려야 할까?

4단계 행동 방향 정하기

리플렉션한 내용을 바탕으로 앞으로의 행동 방향을 정해보자.

행동 방향	미래에 아이들 중 65퍼센트는 지금은 존재하지 않는 직업을 가지게 될 것이다. 부모로서 지금 시대에 맞는 새로운 교육 방침을 세워보자. 또 교육 방침의 정의도 다시 생각해보자.

상자 밖으로 나와 생각하기

새롭고 독창적인 아이디어가 필요한데 좀처럼 떠오르지 않아서 답답할 때가 있다. 이럴 때는 기존의 틀에서 벗어나 새로운 관점으로 생각해보는 **상자 밖 사고**가 필요하다.

'상자'란 과거의 경험에서 형성된 가치관으로 싸인 틀을 말한다. 인지의 4가지 구성 요소로 자신의 내면을 메타인지 하는 습관을 들이면 간단하게 자신의 틀을 파악할 수 있다. 자신의 틀 밖으로 나가 새로운 관점으로 생각해보는 과정이 '상자 밖 사고'다.

인지의 4가지 구성 요소로 자신의 틀을 메타인지 했다면, 이제는 틀 밖의 세상으로 나가보자. 상자 밖으로 나가서 새로운 환경에서 생각해보는 것이다.

일상에서도 간단하게 자신의 틀을 벗어나는 방법이 있다. 평소에는 가지 않던 길로 가거나 관심 밖에 있는 분야의 책을 읽어보자. 또 낯선 가게에 들어가거나 한 번도 해본 적 없는 운동에 도전해보는 것도 좋다. 일상에서도 얼마든지 사고의 유연성을 기를 수 있다.

다만 한 가지 주의할 점이 있다. 단순히 틀 밖으로 나가기만 해서는 안 된다는 점이다. 틀 밖으로 나가 평가와 판단은 미뤄둔 채 경계선 밖의 세상을 마음껏 음미해야만 새로운 관점을 얻을 수 있다.

운동을 처음 시작할 때는 힘이 많이 들지만 꾸준히 해서 근육이 붙으면 어느 순간 몸이 편안해진다. 상자 밖 사고도 이와 마찬가지다. 자주 틀 밖으로 나가 새로운 환경에서 생각하다 보면 어느 순간 경계선 안팎을 자유롭게 오가면서 새로운 관점으로 사고하는 데 익숙해진다.

밑줄 친 부분에서는 더 이상 배울 것이 없다

우리의 생각은 과거의 성공 경험에 쉽게 지배당한다. 세븐일레븐재팬의 창업자 스즈키 도시후미鈴木敏文는 이 점을 충분히 인지하여 항상 사고의 유연성을 기르는 데 힘썼다. 그는 "책을 읽고 밑줄 친 부분에서는 더 이상 배울 것이 없다"며 밑줄 치지 않은 부분에 어떤 내용이 숨어 있는지를 탐구해야 한다고 강조했다.

> "밑줄을 칠 때 우리는 이미 그 부분이 중요하다는 것을 알고 있다. 따라서 거기서는 더 이상 배울 것이 없다. 이보다 중요한 것은 선을 긋지 않은 부분에 어떤 배울 점이 숨어 있는지를

찾는 것이다."

성공을 경험하면 이에 따른 위험성도 커진다. 한 번 인기 상품을 출시하면 그다음부터는 고객의 요구를 완벽하게 이해했다는 착각이 생겨서 시장의 변화에 제대로 대응하지 못한다는 것이다. 스즈키 도시후미는 이 점을 잘 알았기에 항상 자신이 모르는 세상으로 나가 깨달음을 얻으려고 노력했다. 이것이 그가 일본에서 세븐일레븐을 성공시킬 수 있었던 이유다.

밑줄 치지 않은 부분에서 배우는 가장 간단한 방법은 다양한 사람들과 대화하는 것이다. 같은 책을 읽어도 인상에 남는 부분은 사람마다 다르다. 다른 사람이 밑줄 친 부분에서 깨달음을 얻을 수 있다면 더 많이, 더 빨리 배울 수 있다. 이때는 자신의 해석을 더하지 말고 인지의 4가지 구성 요소를 활용해 상대방의 경험과 가치관을 파악해야 한다. 다른 사람의 경험과 가치관 안에는 반드시 배울 점이 들어 있다.

복습

- ✚ 과거의 경험에서 형성된 가치관을 메타인지 하여 유연하게 사고하자.
- ✚ '놀라움과 위화감의 리플렉션'에서 깨달은 점은 다음에 행동할 때 꼭 활용하자.
- ✚ 인지의 4가지 구성 요소를 활용하여 '상자 밖 사고'에 도전하자.

잘 듣고 잘 말할 줄 알아야 훌륭한 리더다

'나는 맞고 상대방은 틀리다'는 생각으로는 대화를 잘할 수 없다. 다른 사람의 이야기를 들을 때는 나의 평가와 판단은 뒤로 미뤄야 한다. 평가와 판단을 유보한 채 상대방의 의견 뒤에 자리한 다양한 배경을 파악하다 보면 자신의 경계선 밖에서 깨달음을 얻을 수 있다. 이와 동시에 상대방에게도 배울 기회를 줄 수 있다.

대화를 소통의 수단으로만 대하지 말고, 배움의 수단으로 이해하여 대화를 잘할 수 있는 힘을 길러보자.

공감하며 듣는 기술

대화할 때는 상대방의 의견에 공감하며 귀 기울여야 한다. 그런데 공감을 상대방의 의견에 찬성하는 행위로 오해하는 사람이 많다. 공감은 상대방의 의견에 찬성하고 자신의 의견을 버리는 것이 아니다.

다른 사람의 말을 경청할 때는 인지의 4가지 구성 요소를 활용하여 상대방의 의견, 경험, 감정, 가치관을 파악하며 들어야 한다. **이때 상대방의 생각과 감정에는 나름의 이유가 있음을 이해해야 하는데 이것이 '공감'이다.** 상대방의 의견 뒤에 자리한 경험과 감정, 가치관에 공감하기 위해서 나의 생각까지 바꿀 필요는 없다. 경청은 상대방과 신뢰관계를 구축하는 데도 도움이 된다. 이에 대해서는 뒤에서 자세하게 설명할 것이다.

공감은 쌍방향으로 이루어져야 이상적이다. 서로 자신의 평가와 판단은 유보한 채 대화에 집중할 수 있다면 두 사람 모두 대화를 통해 깨달음을 얻을 수 있다. 물론 내가 공감하려 대화에 집중한다 해도 상대방은 그렇지 않을 수 있다. 그렇더라도 일단 나부터 공감을 실천하며 대화해보자. 만약 기회가 생긴다면 상대방에게도 공감이 전제된 대화를 부탁해보자.

내 생각과 다른 의견을 만났을 때도 먼저 나부터 평가와 판단은 뒤로 미룬 채 **상대방이 왜 그렇게 생각했는지, 거기에는 어떤 경험이 있는지 파악하며 경청하자.** 상대방의 이야기 안에는 틀림없이 의견의 배경에 자리한 경험 및 감정, 가치관 등의 정보가 들어 있다.

대화 중에 상대방이 내 의견에 반대한다면 이는 반대를 위한 반대가 아니라 자신이 소중히 여기는 가치관을 지키려는 행위임을 명심하자. 이 점을 고려하면 의견 대립도 두렵지 않다.

상대방의 말에 공감하고 귀기울이다 보면 상대가 어떤 가치관을 소중히 여기는지 이해할 수 있으며, 같은 의견이라도 상대방의 가치관에 맞게끔 설명하는 방법을 수정할 수 있다. 상대가 단순히 내 의견에 반대할 뿐이라고 받아들이면 대화가 이기고 지는 싸움이 돼버린다.

개성 있는 팀원들이 한자리에 모였으니 일할 때도 의견 대립은 생기기 마련이다. 다양한 사람이 모였다고 해서 참신한 아이디어가 쏟아지리라 기대해서는 안 되고, 팀원들의 의견 대립을 긍정적인 방향으로 이끌려면 공감과 경청이 전제된 대화가 필요하다. 대화는 사람들이 서로 긍정적인 화학 반응을 일으키도록 도와준다.

팀원들과 함께 일할 때도 대화의 기술을 실천해보자.

의견 대립을 당연시하기

네덜란드에서는 아이들에게 어릴 때부터 대화하는 법을 가르친다고 한다. 어린아이들이 자유롭고 건설적으로 대화하는 모습을 보면 입이 떡 벌어질 정도다. 내가 네덜란드의 시민의식 교육 프로그램인 '평화로운 학교'Peaceful School를 국내에 소개하려는 이유가 여기에 있다. 평화로운 학교에서는 아이들에게 건설적인 논의와 의사결정 과정을 가르치고, 의견 대립이 생겼을 때 스스로 해결하는 방법을 알려준다. 모두 함께 힘을 모아 민주적이고 평화로운 사회를 만드는 것이 교육의 목적이다.

네덜란드의 교육 프로그램을 통해 배운 점 중 하나는 **민주적인 사회는 의견 대립을 전제로 한다**는 의식이었다. 누구나 자신의 의견을 가지고 발언할 수 있는 민주사회에서는 의견 대립이 당연한 일이다.

네덜란드의 아이들은 4세부터 12세까지 총 8년 동안 초등학교에 다닌다. 학교에서는 아이들에게 서로 의견이 다르더라도 모두 좋은 친구가 될 수 있다는 점, 친구가 의견을 말하면 반드시 찬성·반대·미결정 중 하나를 선택하여 말할 책임이 있다는 점을 알려준다. 의견을 말할 때는 항상 이유와 근거를 함께 밝히도록 가르치기 때문에 아이들은 어릴 때부터 의견 뒤에 자리한 경험이나 지식을 공유하는 법을 배운다. 이때 대화를 통해 자신의 의견이 바뀔 수 있다는 점도 같이 깨닫는다.

네덜란드의 교육 방식을 통해 알 수 있듯이 리플렉션을 자주 하면 대화하는 기술이 향상되어 의견 대립을 두려워하지 않게 된다. 내 의견은 지금까지의 경험을 바탕으로 형성된 가치관을 전제로 한다. 나와 다른 경험을 한 사람은 나와 다른 가치관과 의견을 가지는 것이 당연하다.

다양성이 긍정적인 화학반응을 일으키려면 우선 있는 그대로 다양성을 인정하는 것이 중요하다. 나와 다른 의견을 만났을 때 즐기려는 자세가 없다면 다양성은 빛을 발하기 어렵다. 리플렉션을 통해 의견 대립을 자연스럽게 받아들이고 상대방의 의견 안에서 배울 점을 찾는 자세를 길러야 한다.

다른 사람의 이야기에서 깨달음을 얻는 방법

세상은 너무 넓어서 모든 일을 직접 경험해보기는 어렵다. 하지만 각각 다른 경험을 한 여러 사람의 이야기를 통해 우리는 얼마든지 지식을 넓힐 수 있다. 또 이야기를 듣다 보면 다른 사람의 경험과 감정을 간접 체험하고 내가 그곳에 있는 듯한 즐거움도 맛볼 수 있다.

직접 이야기를 주고받는 방법뿐 아니라, 대화는 테드TED 강연 등 동영상이나 책을 통해서도 가능하다. 다만 이때는 **정보를 취사선택하지 말고 평가와 판단은 유보한 채 상대방의 세계에 공감하며 들어야 한다.** 정보를 취사선택하면 내 해석과 판단이 정보에 개입된다. 평가와 판단은 뒤로 미루고 상대방의 세계를 가만히 들여다보면서 그 사람의 경험을 간접 체험해보자. 상대방이 겪은 세상을 음미하고 그곳에서 중요한 가치관은 무엇인지 생각해보는 것이다. 상상력을 발휘하여 그 사람의 세상과 대화할 수 있다면 강연자 혹은 저자의 가치관을 내 것으로 만들 수 있다.

나 역시 다른 사람의 이야기를 듣고 그 사람의 가치관을 통해 새로운 깨달음을 얻은 적이 있다.

경영학의 세계는 비즈니스와 함께 진화하다 보니 일을 하다 보면 자연스럽게 경영학의 새로운 아이디어에 관심을 갖게 된다. 요즘에는 틸Teal이나 홀라크라시Holacracy(수평적 조직)와 같은 새로운 조직문화를 접하면서 대화를 통해 다른 사람의 경험에서 깨달음을 얻고자 노력하고 있다.

틸이나 홀라크라시와 같은 조직 구조에서는 상하관계가 존재하지 않으며 관리자가 없는 평등한 조직문화를 지향한다. 처음 이 말을 들었을 때는 그럼 도대체 어떻게 조직을 운영해나가는지 이해되지 않았다.

홀라크라시라는 개념을 처음 내세운 브라이언 J. 로버트슨Brian J. Robertson은 자신도 여러 기업을 운영하고 있는 경영자이다. 그는 홀라크라시의 기본 구조를 설명한 〈홀라크라시 헌장〉을 만들고 이에 따른 기업 운영 방법을 널리 알리기 위해 활동하고 있다. 그가 개최한 일일 세미나에 참가했을 때 "홀라크라시 조직에서 상사는 사람이 아니라 조직의 목적과 존재 이유이다" "개개인이 조직의 목적을 가슴에 새기고 있다면 누구든 창조적 긴장을 발휘하여 과제를 발견하고 해결할 수 있다" 등의 이야기를 들었다. 이를 통해 **홀라크라시 조직에서는 누구나 경영자가 되고, 개개인이 곧 조직의 목적**이라는 개념은 이해할 수 있었지만, 실제로 현장에서 이를 실천하자니 막막할 때가 많았다.

그래서 관리자 없는 조직에 대해 더 자세히 알아보고자 10년 가까이 틸 조직문화를 실천해온 다이아몬드 미디어사의 창업자 다케이 고조武井浩三 씨를 만나 이야기를 들어보기로 했다. 그의 이야기를 인지의 4가지 구성 요소를 활용하여 경청해보았다.

다른 사람의 이야기에서 깨달음을 얻는 리플렉션

의견 경영자의 주관을 배제한 경영을 실현하고 싶었다. 이를 위해서는 무엇이 필요할지 깊이 고민한 결과 자율 경영self-management에 기반한 평등한 조직문화가 탄생하게 되었다.

경험 다이아몬드 미디어사를 시작하기 전에 다른 회사를 운영했다. 그때는 친구를 끌어들여 함께 일했는데 결국 고생만 했다. 친구는 나를 믿고 대기업에서 나와 벤처기업을 세우는 데 동참해주었지만 우리 회사는 뜻대로 되지 않았다. 재기해보겠다는 마음으로 차린 다이아몬드 미디어사에서는 IT 기술을 이용해 모든 경영 정보를 100퍼센트 공개했다. 모든 직원이 의사결정에 참여할 수 있는 환경을 구축한 것이다.

감정 (자신을 믿고 도와준 친구에 대한) 미안함. (경영자의 주관을 배제한 조직을 만들어냈다는) 기쁨.

가치관 양질의 의사결정, 스스로 움직이는 조직.

어느새 틸 조직문화가 친근하게 느껴졌다. 이토록 유능한 기업가에게도 실패한 경험이 있었다니, 기업 경영의 어려움에 대해서도 크게 공감했다. 나의 해석을 더하지 않고 상대의 경험과 소중한 가치관을 있는 그대로 파악할 수 있다면 우리는 다른 사람의 이야기를 통해 한층 더 깊이 깨달을 수 있다.

여러 의견 가운데 최선의 선택을 하는 방법

혼자서 결정하기보다는 다양한 의견을 듣고 함께 결정하는 편이 낫다는 사실은 누구나 아는 상식이다. 하지만 이런 경험을 직접 해본 사람은 의외로 적다.

오히려 의견이 많으면 어떻게 수습해야 할지 모르겠다거나 도저히 결론이 나지 않는다고 말하는 경우가 더 많다. 이럴 때는 대화의 기술을 활용해보자. 다양한 의견을 모아서 최선의 결론을 내릴 수 있다.

다양한 의견과 가치관을 제대로 활용할 수 있는 대화란 무엇일까. 먼저 합의를 도출하는 방법부터 알아보자.

합의를 도출해야 할 때는 **의견의 차이에 주목하지 말고 의견 뒤에 가려진 경험과 가치관의 차이에 초점을 맞춰야 한다**. 경험과 가치관의 차이에 집중하면 혼자서 결정할 때보다 다양한 시각으로 사안을 파악할 수 있어서 훨씬 좋은 결론에 도달할 수 있다.

180쪽 그림2-2를 살펴보자. 광고 회사에 다니는 A와 건축 회사에 다니는 B가 어느 화살표가 더 긴지에 관해 의견을 나누고 있다. 두 사람의 의견이 엇갈리는 이유는 '측정값'과 '시각적 효과'라는 두 개의 가치관이 공존하기 때문이다. **이처럼 의견이 나뉠 때는**

가치관의 차이에 주목해보자.

서로 가치관의 차이를 확인했다면 다시 대화의 원래 목적으로 되돌아가자. **무엇을 위해 이 논의를 시작했는지, 왜 합의가 필요한지 대화의 목적을 하나로 모아야 한다.** 이 사례에서는 대화의 목적이 포스터 디자인 결정인지 아니면 건축 도면 작성인지를 결정할 필요가 있다.

대화의 목적을 한가지로 결정했다면 각자의 의견 뒤에 자리한 가치관을 구체적으로 파악하자. 그리고 앞서 정한 목적에 따른다면 어느 가치관을 우선해야 할지 순위를 매기자. 만약 목적이 포스터 디자인 결정이라면 시각적 효과를 우선해야 하고, 건축 도면 작성이라면 정확한 측정값을 우선해야 한다.

다양한 시각을 가진 사람이 모이면 많은 의견이 나와서 결론 도출이 어려워진다고 생각하기 쉽다. 하지만 리플렉션과 대화만 잘한다면 아무리 많은 의견이 나와도 최선의 방법을 추려낼 수 있다.

그림2-2　목적에 맞는 결론 도출하기

어느 선이 더 길까?

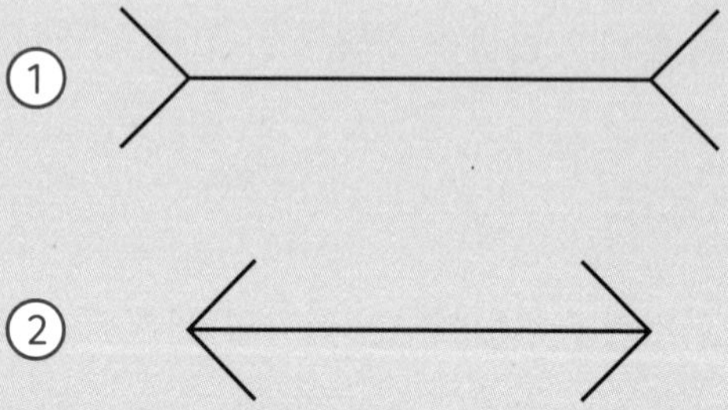

A (광고)		B (건축)
① 번이 길다	의견	두 선의 길이는 같다
길어 보이기 때문에	경험	실제로는 같기 때문에
시각·보이는 방식	가치관	정확한 측정값

⇓

POINT

논의의 목적에 따라 우선해야 할 가치관은 달라진다

포스터 디자인을 결정하는 경우: A의 가치관을 우선시한다
건축 설계도면을 작성하는 경우: B의 가치관을 우선시한다

이제 실제로 합의를 도출하는 과정을 단계별로 살펴보자.

합의 형성 과정

1단계 서로의 의견을 의견, 경험, 가치관으로 나눠서 공유한다. (감정은 생략한다)
의견 뒤에 숨어 있는 가치관을 밝혀서 정리한다.
가치관이 많을수록 서로 의견이 달라진 이유를 이해하기 쉽다.

2단계 대화의 목적에 대해 이야기 나눈다.

3단계 대화의 목적을 하나로 정했다면 목적에 맞는 가치관을 선택하여 우선순위를 매긴다.

4단계 합의를 도출한다.

위와 같은 과정으로 합의를 이끌어내면 서로의 의견을 객관적으로 볼 수 있으므로, 나와 다른 의견이 나온다고 해서 긴장할 필요가 없다. 또한 각자 더 깊이 사고할 수 있어서 최선의 의사결정을 내릴 수 있다.

1단계 가치관의 차이 확인하기

의견 뒤에 숨어 있는 가치관의 차이를 확인하자.

환영회에 관한 제안

의견 새로운 직원이 왔으니 팀원들의 관계 향상을 위해 바비큐 파티를 하자.

경험 예전에 새로 온 직원이 다른 사람에게 도움을 요청하지 못하고 혼자서 문제를 안고 있다가 일이 커진 적이 있다.

가치관 바로 도움을 요청할 수 있는 인간관계를 만든다.

새로 온 직원을 환영해주고 싶다.

문제가 커지지 않도록 대비해야 한다.

서로 협력하는 팀을 만들고 싶다.

색다른 장소에 가면 서로 마음을 열고 대화할 수 있다.

단순한 회식보다는 바비큐 파티가 교류할 수 있는 기회가 많다.

반대 의견

의견 지금은 일이 바쁜 시기라 주말까지 회사에 나오는 것은 옳지 않다. 서로 책임을 다해 일하는 것만으로 충분히 가까워질 수 있고 신뢰관계도 쌓을 수 있다.

경험 주말에는 집에서 좋아하는 영화나 책을 보며 편안히 쉬고 싶다. 야외 활동은 그리 선호하지 않는다. 자기 일에 책임을 다하는 사람에게는 충분히 믿음이 쌓인다. 일과 관련된 신뢰관계는 일로써 쌓아왔다.

가치관 주말은 자기만의 시간이다.

건강관리에 휴식은 필수다.

주말에는 기분전환을 해야 한다.

일에는 자기 책임이 따른다.

직장 내 인간관계는 일을 통해 쌓아야 한다.

가치관이 다양할수록 서로 의견이 달라진 이유를 쉽게 이해할 수 있다. 의견 뒤에 가려진 가치관을 밝혀서 정리한 다음에는 대화의 목적으로 돌아가보자.

2단계 대화의 목적 이해하기

가치관의 차이를 이해했다면 대화의 목적에 대해 이야기 나눠보자.

두 사람은 바비큐 파티를 할지 말지에 대해 합의하기 전에 먼저 대화의 목적을 생각해볼 필요가 있다. 서로 정리한 가치관의 차이를 바탕으로 대화의 목적을 정리해보자. 여기서는 '새로 온 직원이 필요할 때 도움을 요청할 수 있는 환경을 만들고, 큰 문제없이 업무를 수행할 수 있도록 돕는 것'이 대화의 목적에 해당한다.

3단계 가치관의 우선순위 정하기

대화의 목적에 합의했다면 어떤 가치관을 우선시해야 할지 순위를 매겨보자.

앞에서 밝힌 가치관을 함께 확인해보면서 새로 온 직원이 필요할 때 도움을 요청할 수 있는 환경을 만들고, 문제없이 업무를 수행하도록 도우려면 어떤 가치관을 우선시해야 할지 생각해보자.

서로 대화를 나눠본 결과 아래와 같은 순서로 가치관의 우선순위가 정해졌다.

- 새로 온 직원과 기존 직원이 서로를 알 기회가 필요하다.
- 개개인이 책임을 다하는 조직을 만들자.
- 직원들이 업무에 대한 의욕을 가지도록 돕자.
- 직원들이 일과 삶의 균형을 유지하도록 배려하자.

4단계 합의 도출하기

대화의 목적에 맞는 새로운 아이디어를 모으고 앞에서 정한 가치관에 근거하여 이를 평가해보자.

가치관의 우선순위에 근거하여 새롭게 나온 의견들을 평가한 결과 이번에는 사무실에서 점심식사를 겸한 미팅을 열기로 했다. 다만 서로를 알 기회가 필요하므로 새로 온 직원을 위해 모두가 재미있는 자기소개를 준비해오기로 했다.

대화 가운데서 합의를 도출하기 위한 대화가 가장 어렵다. 대화를 통해 합의를 도출해내려면 모두가 자신의 의견과 경험, 가치관을 자유롭게 표현할 줄 알아야 하기 때문이다. 이를 위해서는 인지의 4가지 구성 요소를 활용한 리플렉션과 대화에 익숙해질 필요가 있다. 누구나 자신의 의견을 스스럼없이 말하고, 평가나 판단은 뒤로 미룬 채 적극적으로 다른 사람의 의견을 이해해보려는 자세를 지닌다면 다양한 의견을 모아서 최선의 판단을 내리는 팀을 만들 수 있다.

또한 다 같이 의견을 내고 그중에서 최선의 방법을 선택한 경험이 쌓이면 혼자서 생각하기보다는 다 함께 의논해서 결정하는 편이 낫다는 믿음을 가지게 된다. 팀원들의 의견이 엇갈린다면 내가 먼저 나서서 합의를 도출하기 위한 단계를 하나씩 밟아보자. 틀림없이 좋은 결과를 얻게 될 것이다.

연습

의견이 대립할 때 합의를 도출하는 방법

환영회에 관한 의견 대립 사례

1단계 가치관의 차이 확인하기

의견 뒤에 숨어 있는 가치관의 차이를 확인하자.

	환영회에 관한 제안	반대 의견
의견	새로운 직원이 왔으니 팀원들의 관계 향상을 위해 바비큐 파티를 하자.	지금은 일이 바쁜 시기라 주말까지 회사에 나오게 하는 것은 옳지 않다. 서로 책임을 다해 일하는 과정을 통해서 충분히 가까워질 수 있고 신뢰관계도 쌓을 수 있다.
경험	예전에 새로 온 직원이 다른 사람에게 도움을 요청하지 못하고 혼자서 문제를 안고 있다가 일이 커진 적이 있다.	주말에는 집에서 좋아하는 영화나 책을 보며 편안히 쉬고 싶다. 야외 활동은 그리 선호하지 않는다. 자신의 일에 책임을 다하는 사람에게는 충분히 믿음이 쌓인다. 일과 관련된 신뢰관계는 일로써 쌓아왔다.
가치관	• 바로 도움을 요청할 수 있는 인간관계. • 새로 온 직원을 환영해주고 싶다. • 문제가 커지지 않도록 대비해야 한다. • 서로 협력하는 팀을 만들고 싶다.	• 주말은 자기만의 시간이다. • 기분전환 및 휴식은 필수다 • 일에는 자기 책임이 따른다. • 직장 내 인간관계는 일을 통해 쌓아야 한다.

2단계 대화의 목적 이해하기

가치관의 차이를 이해했다면 대화의 목적에 대해 이야기 나눠보자.

- 새로 온 직원이 필요할 때 도움을 요청할 수 있는 환경 만들기.
- 문제없이 업무를 수행하도록 돕기.

3단계 가치관의 우선순위 정하기

대화의 목적에 합의했다면 어떤 가치관을 우선해야 할지 순위를 매겨보자.

- 새로 온 직원과 기존 직원이 서로를 알 기회가 필요하다.
- 개개인이 책임을 다하는 조직을 만들자.
- 직원들이 업무에 대한 의욕을 가지도록 돕자.
- 직원들이 일과 삶의 균형을 유지하도록 배려하자.

4단계 합의 도출하기

목적을 이루기 위해서 서로의 가치관을 융합시킨다.

사무실에서 점심식사를 겸한 미팅 자리를 마련한다.

복습

- 대화할 때는 인지의 4가지 구성 요소를 활용하여 다른 사람의 이야기를 경청하자.
- 대화를 통해 친구나 동료의 가치관을 이해하게 되면 관계가 더 깊어지고 믿음이 쌓인다.
- 대화의 기술을 활용하면 다른 사람의 경험에서 새로운 가치관을 배우고 깨달음을 얻을 수 있다.
- 팀원들이 대화의 기술을 익히면 다양한 의견을 모아 최선의 판단을 내릴 수 있다.

리플렉션으로 자율형 인재를 키 우 자

인재육성 편

3

이제는 자율형 인재가 필요한 시대

3장에서는 인재를 키우는 데 필요한 리플렉션 활용법을 알아본다. 요즘 사회나 조직의 구성원은 상사의 관리를 받기보다는 스스로 생각해서 움직이고자 한다. 말하자면 스스로 배우고 성장하는 '자율형 인재'를 지향하는 것이다. 따라서 팀이나 조직의 목표를 달성하려면 지시와 명령으로 사람을 움직이는 리더가 아니라, **개개인의 주체성을 끌어내는 리더가 필요하다.**

1장에서 소개한 리플렉션의 5가지 기본 방법은 자율형 인재가 되는 방법이기도 하다. 또한 이를 활용하면 나뿐만 아니라 주변 사람들까지 자율형 인재로 키울 수 있다. 팀원들이 자율형 인재로 성장하면 그 팀은 누군가의 관리 감독 없이도 스스로 발전할 수 있다.

최근 주목받고 있는 틸 조직에서는 피라미드형 구조가 아니라 개개인이 모두 경영자가 되는 평등한 조직문화를 내세운다. 누구나 자율적으로 일하는 것이 당연시되는 틸 조직에서는 구성원 모두가 자율형 인재인 셈이다. 따라서 틸 조직문화를 실현하려면 먼저 구성원들을 자율형 인재로 길러야 한다.

물론 자율성을 기른다는 것이 그냥 내버려두고 방치한다는 뜻은 아니다. 성인 발달 이론에 따르면 어린아이뿐만 아니라 성인도 성장하기 위해서는 다른 사람의 도움이 필요하다. 자율성을 기르려면 그에 맞는 상사의 역할이 필요한 것이다.

유럽과 미국 기업에서는 후배를 가르치는 일이 관리자의 중요한 역할 중 하나다. 앞서 언급했던 세계적인 기업 GE에서도 CEO를 포함한 모든 관리직이 업무 시간의 30퍼센트를 인재 육성에 사용한다고 한다.

예전에 GE의 리더십센터에 방문한 적이 있다. 마침 그날 경영 임원 후보자들의 연수가 있어서 당시 CEO였던 제프리 이멜트Jeffrey Immelt가 참가자들과 커피를 마시며 대화하는 모습을 보았다. 깜짝 놀라 센터 관계자에게 물어보니 "GE에서는 흔한 일이에요. 잭 웰치 씨가 경영했던 때부터 임원 후보자 연수는 CEO가 직접 담당합니다"라고 알려주었다.

이후 일본 GE의 대표 야스부치 세이지安渕聖司의 리더십 강의를 들었을 때도 인재를 키우는 일에 업무 시간의 30퍼센트를 할애한다는 원칙에는 변함이 없었다. 또 GE에서는 조직도를 그릴 때 이름 옆에 해당 부서에서 몇 년을 근무했는지 기록해두어 언제든 새로운 경험을 할 수 있도록 배려한다고 한다.

아래 직원을 가르치기보다는 스스로 하는 편이 빠르고 편하다는 생각에 인재 육성 기회를 뒤로 미루는 관리자도 있다. 회사 규모가 작고 책임도 크지 않은 일이라면 직접 하는 편이 효율적일지도 모르지만 직원이 늘어나고 책임져야 하는 일이 많아지면 결국 한계가 찾아온다. 따라서 한 사람 한 사람을 마주할 여유가 있을 때 인재를 육성하는 기술과 경험을 쌓아두어야 한다.

3장에서는 아래의 7가지 관점에서 리플렉션을 활용하는 방법을 소개한다.

- 주체성 키우기
- 스스로 생각하는 힘 기르기
- 업무의 방향성 맞추기
- 경험, 감정, 가치관을 듣고 신뢰관계를 쌓기
- 칭찬하기
- 피드백하기
- 리더인 자신의 내면 살피기

주체성 길러주기

'주체성'이란 무엇일까. 우리는 흔히 일일이 지시하지 않아도 알아서 움직여주는 사람에게 '주체성이 있다' 혹은 '주체적으로 일한다'고 말한다. 반대로 시키지 않으면 절대로 움직이지 않는 사람은 주체성이 부족하다고 여긴다. 여기서 말하는 주체성이란 '리더 혹은 조직이 기대하는 역할을 알아서 판단하여 행동하는 것'을 의미한다.

지금까지 우리가 알고 있던 주체성의 정의에는 한 가지 모자란 부분이 있다. 자율형 인재에게 기대하는 주체성은 기존의 개념에서 한 발짝 더 나가야 한다.

이 책에서 추구하는 주체성은 **스스로 정한 목표에 부합하는**

행동력을 가리킨다.

만약 스스로 정한 목표가 상사나 조직의 목적에서 시작됐다 하더라도 행동으로 옮기기 전에 반드시 그 목표를 자기화하는 과정을 거쳐야 한다. 새로운 일에 도전하거나 자신의 능력을 한 단계 올리고 싶을 때도 **목표를 명확히 하고, 가설을 세운 뒤 행동하며, 리플렉션을 통해 정답에 가까워지는** 일련의 학습 과정을 따라야 한다. 결국 주체성을 지닌 자율형 인재를 키우고 싶다면 리플렉션의 5가지 기본 방법부터 연습해야 한다.

훌륭한 리더를 자주 배출하기로 유명한 미국의 자동차 회사 GM에서는 '언행일치 비율'Say Do Ratio, 즉 자신이 내뱉은 말을 얼마나 잘 지키는지를 드러내는 비율을 중시한다. 리더라면 항상 말과 행동을 되돌아보고 다른 사람의 피드백을 통해 자신의 언행이 일치하고 있는가를 확인해야 한다. 언행일치 비율이 낮은 리더는 구성원들에게 신뢰받기 어렵다.

인재를 육성할 때 지켜야 할 철칙 중 하나는 구성원들에게 요구하기 전에 리더가 먼저 말과 행동으로 모범을 보여야 한다는 점이다. 그래야 직원들에게도 자신과 같은 행동을 요구할 수 있고, 자신이 원하는 조직문화를 형성할 수 있다. 이것이 누구나 리더가 원하는 바를 알고 실천할 수 있는 환경을 만드는 방법이다.

리더의 지도를 통해 직원들이 리플렉션의 5가지 기본 방법에 익숙해지면 다음과 같은 성장을 기대할 수 있다.

- **나를 아는 리플렉션**

  자신의 동기의 원천을 알면 목적을 결정하기 위한 토대가 만들어진다.

- **비전을 세우는 리플렉션**

  동기의 원천과 이어지는 목적을 가지면 비전을 세울 수 있다.

- **경험에서 배우는 리플렉션**

  비전을 실현하기 위해 가설을 세우고 행동하며, 경험에서 깨달음을 얻을 수 있다.

- **대화를 통해 배우는 리플렉션**

  처음 해보는 일에 뛰어들 때도 다양한 시각으로 창조적인 해결책을 찾을 수 있다.

- **언런을 위한 리플렉션**

  과거의 성공 경험이 통하지 않을 때는 지금까지 배운 것을 잊고 새로운 가치관으로 해결책을 찾을 수 있다.

리플렉션의 5가지 기본 방법을 배우면 자신이 정한 목적을 실현시키기 위해 스스로 학습하게 된다. 이것이 우리가 추구해야 할 진정한 의미의 주체성이다. 주체성을 지니게 되면 목표를 명확하게 설정하고, 가설을 세운 다음 행동하며, 경험에서

그림3-1 주체성의 종류에 따른 의사 결정의 범위

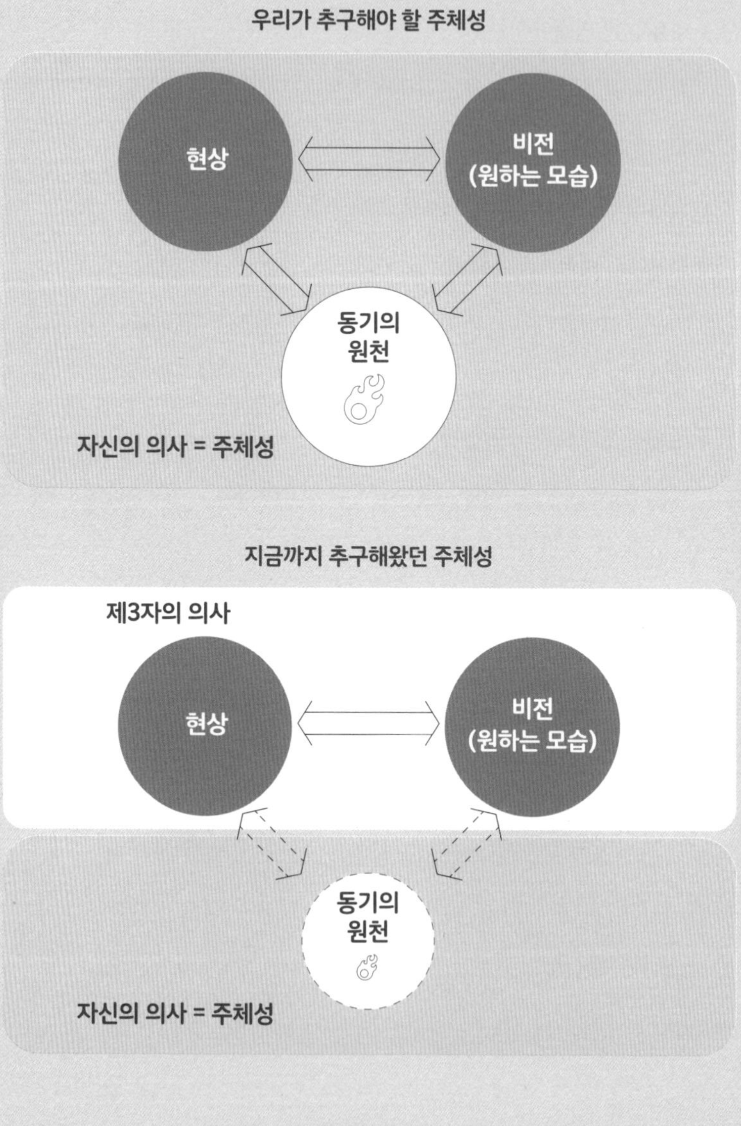

깨달음을 얻는다. 이에 따라 스스로 주변 상황과 현상을 이해하는 능력이 높아져서 일을 배우는 데 시간이 적게 들어간다.
인재를 육성한다고 하면 지도자의 능력을 올리는 데만 열중하기 쉽다. 하지만 지도자보다 배우는 사람의 학습 능력을 높이면 가르치는 효과는 두 배로 커진다. 리플렉션의 5가지 기본 방법을 통해 효과적인 인재 육성에 도전해보자.

복습

- 스스로 정한 목표를 이루기 위해 행동하는 자율형 인재를 기르자.
- 리플렉션의 5가지 기본 방법을 통해 효과적으로 인재를 육성하자.

스스로 생각하도록 만드는 법

주체성 있는 사람은 스스로 생각해서 행동한다. 스스로 생각해서 행동하는 사람은 '무엇'을 '어떻게' 할지가 아니라, '왜' 하는지부터 생각한다.

항상 '왜'라고 질문하기

'왜'부터 생각하는 습관을 기르려면 인지의 4가지 구성 요소를 활용한 리플렉션이 필요하다. 인지의 4가지 구성 요소를 활용하면 의견뿐 아니라 그 의견을 가지게 된 배경인 경험, 감정, 가치관까지 메타인지 할 수 있기 때문이다.

또한 가치관에 주목하면 판단의 기준이 되는 '왜'를 명확하게 파악할 수 있다. 리더는 '왜'라고 질문했을 때 직원이 의견만 말하지 않도록 가르쳐야 한다. 대답할 때는 왜 그렇게 생각하는지에 대한 이유를 경험과 가치관에 근거하여 설명하게 하자. 이를 통해 직원도 자신이 어떤 가치관을 우선해서 그러한 의견이 나왔는지 메타인지 할 수 있다.

아래의 사례를 통해 부하의 '왜'를 끌어내기 위해서 리더가 인지의 4가지 구성 요소를 어떻게 활용하고 있는지 살펴보자.

다음은 프로젝트를 성공으로 이끌기 위해 무엇이 필요한지 이야기하는 상황이다.

'왜'를 끌어내는 대화법

질문 프로젝트를 성공시키려면 무엇이 중요하다고 생각합니까?

대답 명확한 비전이 중요합니다. (의견)

질문 왜 비전이 중요하다고 생각합니까? (경험, 감정, 가치관 묻기)

대답 예전에 유능한 팀원들이 함께한 프로젝트가 잘 되지 않아서 스트레스를 받은 적이 있습니다. (경험) 신규 사업 기획에 관한 일이었는데 어떤 사업을 기획해야 할지 기준이 명확하지 않아서 사람들의 의견을 하나로 모으기가 무척 힘들었습니다. (가치관, 감정)

질문 그 경험을 통해 왜 비전이 중요하다고 생각하게 되었습니까?

대답 성공에 대한 기준이 명확하지 않으면 팀원들이 함께 미래를 만들어나가기 어렵기 때문입니다.

질문 **프로젝트를 성공시키려면 명확한 비전이 있어야 하며, 이는 팀원 모두가 성공에 대해 같은 기준을 가져야 한다는** 걸 의미하는군요.

위 대화를 인지의 4가지 구성 요소로 정리해보자.

의견 프로젝트를 성공시키려면 명확한 비전이 있어야 한다.

경험 예전에 유능한 팀원들이 함께한 프로젝트가 잘 되지 않아서 스트레스를 받은 적이 있다. 신규 사업 기획에 관한 일이었는데 어떤 사업을 기획해야 할지 기준이 명확하지 않아서 사람들의 의견을 하나로 모으기가 어려웠다.

감정 힘듦, 스트레스.

가치관 명확한 목표, 성공을 판단하는 기준.

이처럼 인지의 4가지 구성 요소를 활용하면 사안에 대해 더 깊이 생각하는 습관이 생긴다. 이때는 의견을 가지게 된 배경을 객관적으로 파악하여 음미하는 것이 중요하다.

만약 의견의 배경에 분노나 슬픔과 같은 강한 감정이 자리 잡고 있다면 감정을 메타인지 해야 한다. 여기서도 인지의 4가지 구성 요소가 활용된다.

감정을 메타인지 하는 대화법

의견 프로젝트 멤버를 교체하지 않으면 프로젝트를 성공시키기 힘들 것 같다.

질문 왜 멤버 교체가 필요하다고 생각합니까? (경험, 감정, 가치관 묻기)

대답 경험이 부족한 멤버가 너무 많아서 의사소통하는 데 시간이 많이 듭니다. 제가 계획을 세워도 그 의미를 모르는 멤버가 여럿이라 의도를 설명하는 데 쓸데없이 시간이 낭비됩니다. 그 시간을 좀 더 생산적인 일에 쓴다면 프로젝트를 잘 진행할 수 있을 것 같습니다.

질문 지금 자신의 감정은 어떻습니까? (감정 묻기)

대답 프로젝트 진행이 늦어져서 큰 스트레스를 받고 있습니다. 차라리 혼자서 하면 훨씬 잘할 수 있을 텐데, 경험이 부족한 멤버들이 제 앞을 가로막고 있는 것처럼 느껴집니다.

질문 그럼 스트레스받는 이유를 한번 정리해봅시다.

대답 프로젝트 진행이 늦어지는 점, 내가 가진 능력을 100퍼센트 활용하지 못하는 점, 그 원인이 경험이 부족한 멤버들에게 있다는 점이라고 생각합니다.

질문 대화(리플렉션)를 통해 깨달은 점을 바탕으로 앞에서 말한 의견을 다시 한 번 생각해봅시다.

대답 일단은 프로젝트 마감일을 늦출 필요가 있을 것 같습니다. 멤버를 교체해도 설명이나 지시에 시간이 들어가지 않는다는 보장이 없으므로 일정을 바꾸는 편이 더 현실적이라고 생각합니다.

위 대화를 인지의 4가지 구성 요소로 정리해보자.

의견 프로젝트 멤버를 교체하지 않으면 프로젝트를 성공시키기 힘들 것 같다.

경험 경험이 부족한 멤버가 너무 많아서 의사소통하는 데 시간이 많이 든다. 계획을 세워도 그 의미를 모르는 멤버가 여럿이라 의도를 설명하는 데 쓸데없이 시간이 낭비된다. 그 시간을 좀 더 생산적인 일에 쓴다면 프로젝트를 잘 진행할 수 있을 것 같다.

감정 (프로젝트 진행이 늦어지는 데 대한) 조바심. (내 능력을 100퍼센트 활용하지 못하는) 답답함.

가치관 일의 진행 속도, 마감일 지키기, 능력을 십분 활용하여 성과 내기.

인지의 4가지 구성요소를 활용한 리플렉션과 대화를 반복하면 **내가 왜 이렇게 생각하는지** 자문하는 습관이 생겨서 메타인지력과 사고력, 판단력이 향상된다. 리더는 부하에게 의견에 대해 질문할 때 '왜' 그렇게 생각하는지, 의견 뒤에 자리한 배경을 함께 물어서 스스로 생각하는 힘이 자라도록 돕자.

주체성과 판단력을 길러주는 지시법

미국의 유명 컨설턴트 사이먼 사이넥Simon Sinek은 훌륭한 리더는 반드시 '왜'를 이야기한다고 했다. 그는 **왜, 무엇을, 어떻게**로 구성되는 골든 서클 이론을 소개하며 '왜'에 집중하여 성공한 대표적인 사례로 스티브 잡스의 강연을 꼽았다.
스티브 잡스는 신제품 발표회에서 제품의 성능에 대해서는 말하지 않는다. 그는 왜 아이폰이 이 세상에 존재해야 하는지, 아이폰이

그림3-2 골든 서클

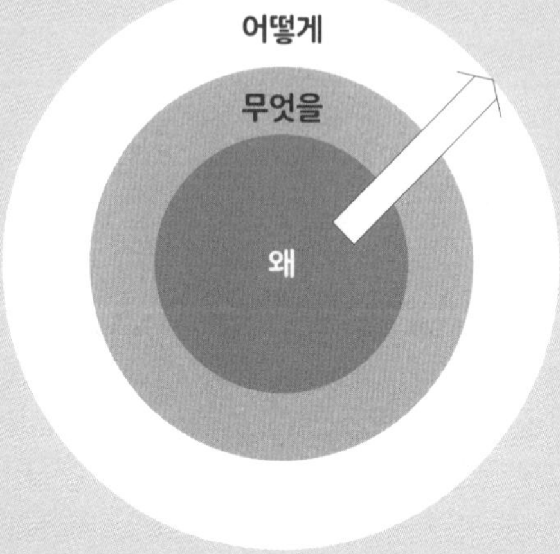

참고: 《나는 왜 이 일을 하는가 2: 당신만의 why를 찾아라》

우리 삶에 어떤 변화를 가져올지에 대해서만 이야기한다. '왜'에 집중한 스티브 잡스의 강연은 아이폰의 고객 충성도를 높이는 데 크게 기여했다.

골든 서클 이론은 직원들의 주체성을 기르기 위한 의사소통에도 적용된다. '무엇을 어떻게 해야 할지'에 대해서만 전달하면 주체성은 자라지 않는다. 지시를 내릴 때는 무엇을 어떻게 해야 할지만이 아니라 '왜' 해야 하는지를 명확하게 전달해야 한다. 만약 지시를 받는 입장이라면 무엇을 어떻게 해야 하는지만 확인하지 말고 왜 해야 하는지까지 이해한 뒤 일을 시작하자.

주체성을 키우는 지시법

지시를 내릴 때는 '왜, 무엇을, 어떻게' 해야 하는지의 순서로 말하자. 다음은 영업 준비에 관한 예시다.

✦ **왜(Why)**

업계에서 1위를 차지하려면 A 고객층의 확보가 시급하므로 이와 관련된 자료를 꼼꼼하게 준비해주세요.

✦ **무엇(What)**

A 고객층에 대한 영업을 준비해주세요.

✦ **어떻게(How)**

과거의 영업 자료 및 A 고객층에 대한 실적 자료를 준비해주세요.

사업 전략 보고서에서 고객의 요구 사항에 관한 정보를 모아주세요.

무엇을 어떻게 해야 하는지만을 전달하는 경우와 왜 해야 하는지를 함께 전달하는 경우 중 어느 쪽이 더 업무 의욕을 올려줄까. 당연히 '왜'를 함께 전달했을 경우다.

지시를 내릴 때뿐 아니라 리더의 의견을 전할 때도 '왜'를 함께 말해주면 아래 직원의 판단력이 올라간다.

판단력을 키우는 전달법

신입 사원 연수 과제를 A, B 중에서 선택해야 한다. 선택한 내용을 어떻게 전달하면 좋을까?

과제 A: 사업부의 소개 영상 만들기.

과제 B: 사업부의 10년 뒤 모습을 만화로 구성해보기.

결론만 전달하는 방법

이번에는 B 안으로 갑시다.

결론과 함께 '왜'를 인지의 4가지 구성 요소로 전달하는 방법

의견 이번에는 B 안으로 갑시다.

경험 작년에는 신입사원들이 사업부에 대한 조사 내용을 PPT로 발표해주었습니다. 신입사원 중에서는 PPT 작성 능력이 뛰어난 분이 많아서 전문가 수준의 발표 자료를 만들어주었지요. 하지만 그 발표 자료에서는 아이디어를 담아내기 위한 고민이 느껴지지 않았습니다. 방법만 알면 누구나 작성할 수 있는 평범한 내용이었지요.

감정 안타까움.

가치관 신입사원들의 생각과 고민을 보여줄 수 있는 결과물.

결론과 함께 그렇게 판단한 이유를 인지의 4가지 구성 요소로 나눠서 설명해주면 아래 직원은 리더가 신입 사원들의 생각과 고민을 보여줄 수 있는 결과물을 원하기 때문에 만화로 구성하는 과제를 선택했음을 이해할 수 있다.

결론 뒤에 자리한 '왜'를 명확하게 전달해주면 아래 직원은 일할 때 필요한 판단 기준을 세울 수 있다. 판단 기준이 정리되면 팀원들이 한 방향을 향해 움직일 수 있어서 팀의 업무 능력도 크게 향상된다. 물론 항상 4가지 구성 요소를 모두 전달할 필요는 없다. 상황에 따라 3가지 혹은 2가지 구성 요소만 전달하는 방법도 있다.

- 4가지 구성 요소: 의견, 경험, 감정, 가치관
- 3가지 구성 요소: 의견, 경험, 가치관
- 2가지 구성 요소: 의견, 경험

복습

- 팀원에게 '왜'라고 질문해서 의견뿐 아니라 경험과 가치관까지 말하도록 가르치자.
- 지시를 내릴 때는 '무엇을 어떻게 해야 하는지'와 함께 '왜' 해야 하는지도 전달하자.
- 왜 그렇게 생각하는지 자문하게 만들면 팀원의 메타인지력과 사고력이 올라간다.

그림3-3 4가지 구성 요소 중 일부를 선택해서 전달하는 법

4가지 구성 요소 의견, 경험, 감정, 가치관

의견	의견
경험	그 의견과 연관된 과거의 경험 혹은 지식은 무엇인가?
감정	그 경험에는 어떤 감정이 얽혀 있는가?
가치관	이를 미루어볼 때 내가 소중하게 여기는 가치관은 무엇인가?

POINT

자신의 내면을 메타인지 하고 싶거나 다른 사람의 말에 공감하며 듣고 싶을 때 활용한다.

3가지 구성 요소 의견, 경험, 가치관

의견	의견
경험	그 의견과 연관된 과거의 경험 혹은 지식은 무엇인가?
가치관	이를 미루어볼 때 내가 소중하게 여기는 가치관은 무엇인가?

POINT

결정을 내리거나 다른 사람의 의견을 정확하게 이해하고 싶을 때 활용한다.

2가지 구성 요소 의견, 경험

의견	의견
경험	그 의견과 연관된 과거의 경험 혹은 지식은 무엇인가?

POINT

결정을 내리거나 다른 사람의 의견을 정확하게 이해하고 싶을 때 활용한다.

일을 시작하기 전에 업무의 방향성을 하나로 맞추기

목표를 달성하면 보람을 느끼고 자신감이 생긴다. 목표 달성은 주위 사람들의 신뢰를 얻고 긍정적인 평가를 받는 데도 중요한 역할을 한다. 당연한 이야기지만 목표 달성을 위해서는 먼저 **자신의 목표나 임무를 정확하게 이해해야 한다.** 목표가 명확하지 않으면 리플렉션도 의미가 없다.

부하직원이 주어진 업무를 기대만큼 수행하지 않는다면 여기에는 여러 가지 이유가 있을 것이다. 어쩌면 본인의 경험과 능력을 제대로 발휘할 수 없는 일이 맡겨졌을지도 모른다. 하지만 **대부분은 리더의 지시를 잘못 이해하고 처음부터 엉뚱한 방향으로 일을 시작했을 확률이 높다.**

리더라면 한 번쯤 부하직원이 자신만만한 목소리로 "다 했습니다"라며 보고서를 내밀었을 때 "음, 이건 내가 부탁한 일이 아닌데……" 하고 난감했던 경험이 있을 것이다.
이처럼 일의 방향이 어긋나는 이유는 일에 대한 서로의 해석이 다르기 때문이다. 부하직원은 지시를 해석할 때 리더와는 다른 경험과 가치관을 사용한다. 자신만의 생각으로 지시를 이해하다 보니 엉뚱한 방향으로 일을 진행해버린 것이다.
지금부터 소개할 '스마트 전달법'은 조직에서 빈번히 발생하는 해석의 차이를 줄여준다. 인지의 4가지 구성 요소를 활용하여 스마트하게 지시를 전달하면 상사의 말을 엉뚱한 방향으로 해석할 확률이 낮아진다.
스마트 전달법은 'S.M.A.R.T'라는 5개의 알파벳을 조합해 만든 이름이다.

- **S (SPECIFIC, 구체적인)** 목표를 구체적으로 말하기.
- **M (MEASURABLE, 측정 가능한)** 성공의 판단 기준을 명확하게 알려주기.
- **A (ACHIEVABLE, 도전적이고 달성 가능한)** 경험과 능력을 미루어 보았을 때 달성 가능한 목표임을 확인하기.
- **R (RELEVANT, 조직과 연관된)** 고객이나 조직이 원하는 목표임을 알려주기. 조직의 비전, 전략, 방침과 일치함을 확인하기. 이를 통해 부하는 조직의 입장에서 생각하는 눈을 가질 수 있음.
- **T (TIME, 시간)** 일정을 명확하게 알려주기.

일을 시킬 때는 목표나 일정을 구체적이고 명확하게 알려줘야 한다는 점은 누구나 알고 있다. 하지만 성공의 판단 기준을 명확하게 설정하고(M), 달성 가능한 목표임을 확인하며(A), 조직의 비전과 일치하는 목표임을 알려주는(R) 경우는 그리 많지 않다. 특히 자율형 인재로서 활약하려면 성공에 대한 판단 기준이 명확해야 한다. 판단 기준에는 수치로 확인할 수 있는 정량적인 기준뿐 아니라 정성적인 기준도 포함되어야 한다. 영업직이라면 목표 달성 여부를 수치로 간단히 확인할 수 있지만, 사무직이면 정량적인 목표 설정이 어려워서 측정 가능한 평가 기준을 세우기가 쉽지 않다. 이럴 때는 업무의 질을 평가하는 정성적인 기준을 사용해야 한다. 보고서를 작성하는 일이라면 지난번 보고서와 비교하면서 질을 평가하는 것도 좋은 방법이다.

'질'에 대한 정의가 애매하다고 느껴진다면 분석 내용이 얼마나 정밀한지, 포맷은 적절하게 사용했는지, 분량이 지나치게 적거나 많지는 않은지, 기한을 준수했는지 등 항목별로 나눠서 평가해볼 수도 있다.

성공에 대한 판단 기준을 설정할 때는 인지의 4가지 구성 요소를 활용하여 자신의 의견과 가치관을 언어로 표현하는 기술이 필요하다. 원하는 모습(의견)을 구체적인 경험을 토대로 자신이 만족할 수 있는 조건(감정, 가치관)으로 생각하면 판단 기준이 자연스럽게 정해지기 때문이다.

성과물을 보여주었을 때는 서로가 만족할 수 있어야 한다. 나는 만족하는데 상대방은 그렇지 못하다면 일에 대한 방향이 서로 어긋났음을 뜻한다. 내가 원하는 방향대로 부하직원이 일해주길 바란다면 일을 시작할 때 반드시 업무의 방향을 하나로 맞춰야 한다. 최악의 상황은 목표도 명확하지 않은 데다 노력의 결과가 성과로 이어지지 않을 게 뻔히 보이는 일에 팀원을 끌어들이는 일이다. 이러한 노력은 누구에게도 좋은 평가를 받을 수 없다. 쓸데없는 도전은 성장으로 이어지지도 않을뿐더러 직원들의 업무 의욕만 저하시킨다.

성공에 대한 평가 기준을 명확하게 세우는 습관은 직원들의 주체성을 올려준다. '스마트 전달법'으로 리더와 팀원이 가고자 하는 방향을 하나로 맞추고, 누구나 지시 내용과 업무 목표를 제대로 이해한 뒤에 일하는 환경을 만들자.

복습

- 해석의 차이를 피하려면 인지의 4가지 구성 요소를 활용하여 상대방이 이해했는지 확인하자.
- 스마트 전달법으로 리더와 부하직원의 업무 방향을 하나로 맞추자.
- 업무 방향이 일치하려면 성공에 대한 판단 기준(정량적, 정성적)을 설정해야 한다.

연습

스마트 전달법으로 지시하기

직원에게 회의 준비를 맡기려고 한다. 업무의 방향이 어긋나지 않도록 스마트 전달법을 활용하여 지시를 내려보자.

스마트 전달법 활용 사례

SPECIFIC (목표를 구체적으로 말하기)	A사에 대한 영업 준비 회의를 해야 합니다. 제안 내용을 결정하는 데 필요한 정보를 모아주세요. 기본 자료와 제안 내용을 보고서로 정리해주면 됩니다.
MEASURABLE (성공의 판단 기준 알려주기)	아래의 자료를 준비해주세요. • 과거의 영업 내용 및 실적에 관한 정보. • 과거의 실적이 A사의 사업 전략에 미친 영향. • 최신 사업 전략과 우리 회사의 새로운 서비스 도입이 불러올 효과.
ACHIEVABLE (달성 가능한 목표임을 확인하기)	A사는 업계 1위 기업이고 목표 금액도 큰 편이라 쉽지는 않겠지만 비슷한 영업 전략이 B사에는 통했기 때문에 충분히 성공할 가능성이 있습니다.
RELEVANT (조직의 비전과 일치함을 확인하기)	우리 회사의 새로운 서비스가 관련 업계에서 환영받으려면 A사의 수주 여부가 매우 중요합니다. 회사에서는 전략적으로 A사에 대한 영업을 진행하고 있습니다.
TIME (일정을 명확하게 알려주기)	영업 회의는 다음 주 목요일 오후 3시에 진행할 예정이니 그전까지 자료를 준비해주세요.

팀원과 신뢰를 쌓는 방법

인재를 육성하려면 조직 구성원과 신뢰관계를 쌓아야 한다. 이때 필요한 것이 대화다. 그래서 많은 사람이 서로를 더 깊이 이해하기 위해 대화에 시간을 많이 투자하고 상대방의 이야기를 들어주려고 노력한다. 어떤 사람은 일대일로 만나 대화하는 시간을 가지기도 한다. 그런데도 서로를 이해하기란 쉽지가 않다. 또 서로를 깊이 이해하는 의사소통에 이르려면 시간이 많이 필요하다.

하지만 인지의 4가지 구성 요소를 활용해서 이야기를 들으면 좀 더 쉽게 상대방의 마음을 이해할 수 있다. 상대의 생각, 즉 의견만 듣는 것이 아니라 의견 뒤에 자리한 경험, 감정, 가치관까지 파악해내면 훨씬 빨리 상대방을 이해할 수 있기 때문이다.

우리는 다른 사람의 이야기를 들을 때 주로 상대방의 의견에 집중한다. 그리고 의견을 이해하기 위해서 자신의 경험과 가치관을 끄집어내고 열심히 해석을 덧붙인다. 이와 같은 방식으로 이야기를 들으면 아무리 시간이 흘러도 상대방을 이해하기 어렵다.
사례를 통해 자신의 해석을 덧붙이면서 이야기를 들으면 어떤 결과가 나타나는지 살펴보자.

자신의 해석을 덧붙이며 듣기

상대방의 의견 이 도전은 의미가 없다.

나의 해석 일을 그만두고 싶다는 말일까? 인생에 의미 없는 도전이란 없는 법인데 쉬운 일만 하고 싶은 모양이다. 나 역시 이와 비슷한 생각을 한 적이 있다. 하지만 참고 견뎌냈고 그 결과 성장할 수 있었다.

이처럼 말 한마디만 듣고 멋대로 자신의 경험과 가치관을 근거로 속뜻을 해석해버리면 상대방의 본심과는 멀어진다. 이럴 때는 인지의 4가지 구성 요소를 바탕으로 상대방의 이야기를 분석하며 들어보자. 상대방이 어떤 생각을 가지고 발언했는지 이해할 수 있다. 상대방에게 왜 그렇게 생각하는지 물어서 경험, 감정, 가치관을 들어보자.

인지의 4가지 구성 요소를 활용하며 듣기

상대의 인지의 4가지 구성 요소

의견 이 도전은 의미가 없다.

경험 팀원 중에 이미 이 일을 경험한 사람이 있어서 그가 독단적으로 일을 추진하고 있다. 그가 혼자서 일을 처리하다 보니 결국 나에게는 의미 없는 일이 되고 있다.

감정 안타까움, 분함.

가치관 도전을 통해 성장하고 싶다.

인지의 4가지 구성 요소를 염두에 두고 이야기를 듣기 전에는 상대방의 발언을 일을 그만두고 싶다는 뜻으로 오해했다. 하지만 상대방에게 왜라고 질문한 뒤 그의 이야기를 통해 경험, 감정, 가치관을 파악해보니 그는 오히려 도전을 통해 성장하고 싶은 마음이 큰 사람이었다.
다른 사람의 이야기를 자신만의 방식으로 해석하는 것은 매우 위험한 일이다. 진심으로 상대방을 이해하고 싶다면 인지의 4가지 구성 요소를 활용해서 이야기를 들어보자.

공감과 경청은 필수

상대방의 이야기에 공감하며 경청하는 것은 결코 그의 의견에 찬성한다는 뜻이 아니다.
상대방의 이야기를 인지의 4가지 구성 요소를 바탕으로 경청하면 상대방이 어떤 경험을 했고, 그 경험을 어떻게 해석하고 있는지 알 수 있다. 또한 어떤 가치관을 우선시해서 그와 같은 결론에 이르렀는지도 이해할 수 있다. 이처럼 **상대방이 던진 정보에 귀를 기울이고 상대방의 세계를 이해하는 것이 공감이며 경청**이다.
사람은 같은 경험을 해도 다른 방식으로 해석한다. 경험에서 느끼는 감정도 사람마다 다르다. 따라서 다른 사람의 말을 듣고 섣불리 판단해서는 안 된다. 공감과 경청을 통해 다른 사람의 의견을 제대로 이해하는 과정이 필요하다.
공감과 경청을 실천하기 위해서는 **상대의 생각과 감정에 자신의 평가나 판단을 더하지 말아야 한다.** 또한 상대방의 의견에 찬성할 필요도 없다. 그저 자신의 해석을 배제하고 상대방이 무엇을 어떻게 생각하고 느끼는지를 정확하게 파악하기만 하면 된다. 다시 말해, 상대방의 생각에 근거하여 올바르게 이해하는 것이 목표다. 판단은 상대방의 의견을 완벽하게 이해한 다음에 해야 한다. 가장 바람직하지 못한 경우는 자신의 해석만으로 상대방의 생각을 완벽하게 이해했다고 착각한 뒤 멋대로 판단을 내리는 것이다.

앞서 소개한 사례에서 만약 "이 도전은 의미가 없다"는 직원의 말을 편하게 일하고 싶다는 뜻으로 해석하고는 좀 더 열심히 일해보라며 대화를 끝맺었다면 어떤 상황이 벌어졌을까. 리더가 지시한 일을 한 직원이 독단적으로 처리하는 탓에 다른 사람은 도전의 기회조차 얻지 못하고 있다는 사실을 알 기회는 사라졌을 것이다. 또 그의 본심을 이해하지 못하고 그를 나쁘게 평가했을지도 모른다.

인지의 4가지 구성 요소를 활용하여 상대방의 이야기를 경청하는 방법은 상대방이 감정적으로 말할 때도 유효하게 쓰인다. 인지의 4가지 구성 요소를 활용하면 상대방의 부정적인 감정이 자신에게 미치는 영향까지도 메타인지 할 수 있어서 냉정한 자세로 이야기를 들을 수 있기 때문이다.

부정적인 감정에 휩싸인 채로 상대방이 말할 때는 이를 가만히 듣고 인지의 4가지 구성 요소를 토대로 감정과 그 배경에 있는 가치관을 분석하여 상대방에게 알려주자. 상대방은 자신의 이야기를 듣고 이해해준 것만으로도 기분이 조금 풀릴 것이다. 그런 다음 상대에게 의견, 경험, 감정, 가치관에 대해 물어서 왜 그런 기분이 되었는지, 어떤 가치관이 충족되지 않아서 부정적인 감정으로 이어졌는지를 메타인지 할 수 있도록 돕자. 자신의 감정을 메타인지 하게 되면 냉정한 마음으로 앞으로 어떻게 행동하면 좋을지 결정할 수 있다.

무의식적인 편견 깨닫기

무의식적 편견이란 주로 성별이나 소수 집단에 대한 차별을 가리키는 경우가 많다. 편견은 우리 주변 어디에나 존재한다. 어떤 사람에 대해 "저 사람은 틀림없이 ~할 것이다"라는 강한 믿음을 가지고 있다면 이 또한 무의식적 편견에 해당한다.
우리는 다양한 사람과 관계를 맺으면서 타인에 대한 자신만의 관점을 형성한다. 예를 들면 인재를 육성하는 데 어려움을 겪었던 사람은 팀원을 가르치는 일에 큰 의미를 느끼지 못하고 사람의 성장 가능성에 회의적인 시각을 갖게 된다. 또 어떤 사람과 부정적인 경험을 하게 되면 "이렇게 말하는 사람은 신뢰할 수 없다"라든지 "이렇게 행동하는 사람은 뭐든 대충하는 사람이야"라고 믿게 된다.
사람은 한 번 고정관념을 가지면 여기에서 쉽게 벗어나지 못하고 정해진 틀로만 세상을 바라보려 한다. 이에 따라 고정관념은 무의식적 편견이 되고 긍정적인 인간관계를 맺는 데 걸림돌이 된다. 다른 사람에게 부정적인 감정이 들었을 때 내 안에 있는 무의식적 편견을 깨닫는 방법은 무엇일까? 지금부터 소개할 '무의식적 편견을 깨닫는 리플렉션'은 상대방에 대한 자신의 생각이나 의견을 두 차례에 걸쳐 되돌아보면서 내 안에 숨겨진 편견에 눈뜨게 한다.

무의식적 편견을 깨닫는 리플렉션은 2단계로 이루어진다. 첫 번째 리플렉션에서는 부정적인 감정을 품게 된 상대에 대한 자신의 의견을 되돌아보고, 두 번째 리플렉션에서는 자신의 의견 뒤에 자리한 가치관을 중심으로 살펴본다. 2단계의 리플렉션을 마치면 내 안에 있는 무의식적 편견이 어떤 과정을 통해 형성되었는지 메타인지 할 수 있다.

무의식적 편견을 깨닫는 리플렉션

✦ 첫 번째 리플렉션

상대에 대한 부정적인 의견 중 하나를 골라 인지의 4가지 구성요소로 리플렉션 해보자.

의견 이 사람은 성공할 리가 없다.

경험 실패에서 배우려는 자세가 보이지 않는다.

감정 실망스러움.

가치관 성공하는 사람은 실패를 통해 깨달음을 얻는다.

✦ 두 번째 리플렉션

첫 번째 리플렉션을 통해 밝혀진 가치관을 의견란에 넣고 다시 한 번 리플렉션을 해보자.

의견 성공하는 사람은 실패를 통해 깨달음을 얻는다.

경험 예전에 가르쳤던 후배 중에 몇 번이나 똑같은 실패를 경험해놓고도 그 안에서 아무런 깨달음을 얻지 못하던 사람이 있었다. 3년 동안이나 옆에서 가르쳤지만 아무런 소득이 없어서 더 이상 시간 낭비하고 싶지 않은 마음에 가르치기를 포기했다.

감정 안타까움.

가치관 배워야 성장할 수 있다.

첫 번째 리플렉션을 통해 '이 사람은 성공할 리가 없다'고 생각하게 된 배경에는 '성공하는 사람은 실패를 통해 깨달음을 얻는다'는 가치관이 존재했음을 알 수 있다. 두 번째 리플렉션에서는 이 가치관이 어떤 경험에서 형성되었는지를 확인할 수 있다. 여기서는 3년간이나 일을 가르쳤지만 아무런 소득이 없었던 부정적 경험이 그 가치관을 만들어냈음을 알 수 있다. 이 경험은 기존에 가지고 있던 '배워야 성장할 수 있다'는 가치관에 반하는 경험이기도 했다. 이와 같은 경험을 한 탓에 실패에서 배우지 않는 사람을 만나면 큰 문제라고 여기며 '이 사람은 성공할 리가 없다'고 확신하는 것이다. 이처럼 우리는 과거의 경험에서 형성된 판단 기준을 다양한 상황에서 무의식적으로 끌어 쓴다. 이는 다른 사람과 관계를 맺을 때 무의식적인 편견으로 작용하여 때로는 후배를 가르치거나 인재를 육성해야 할 때 걸림돌로 작용한다. 이를 막으려면 부정적인 이미지나 감정을 가졌을 때 리플렉션을 두 번 이상 반복하여 무의식적인 편견을 메타인지 해야 한다.

심리적으로 안정된 환경 만들어주기

사람은 심리적으로 안정된 환경에서 배워야 학습 효과가 높아진다. 심리적인 안정감을 얻으려면 실패를 해도 무시당하거나 부족한 인간으로 평가받을 염려가 없는 환경이 조성되어야 한다. 심리적으로 안정된 환경 안에서는 실패를 두려워하지 않고 계속 도전할 수 있다. 커다란 목표를 향해 끊임없이 도전하는 과정은 성장을 위한 필수 조건이다. 팀원들이 도전을 멈추지 않길 바란다면 심리적인 안정성이 보장된 환경을 만들어주자.

심리적으로 안정된 환경에서 리플렉션을 하면 목표를 위해 달리다 겪은 실패는 성공으로 가기 위한 중간 과정이며, 성장으로 이어진다는 믿음을 가질 수 있다. 성공이든 실패든 그 안에서 깨달음을 얻고 이를 미래에 활용하는 것이 중요하다는 인식이 생기는 것이다.

심리적으로 안정된 환경을 만들려면 직장 내 인간관계에도 주목해야 한다. 《겸손한 컨설팅》Humble Consulting의 저자 에드거 샤인Edgar H. Schein은 인간관계에도 레벨이 있음을 설명했다.

- -1레벨: 인간미가 전혀 느껴지지 않는 강제적인 지배와 복종의 관계.
- 1레벨: 단순히 사무적인 관계.
- 2레벨: 개인적으로 신뢰하는 관계.
- 3레벨: 2레벨 중에서도 특별히 친밀도가 높은 관계.

과거의 조직에서는 1레벨의 사무적인 관계가 직장에서 볼 수 있는 일반적인 인간관계였다. 하지만 요즘에는 직장 안에서도 2레벨의 신뢰관계를 형성한 이들을 흔히 볼 수 있다. 직장에서도 좀 더 인간미 넘치는 관계를 맺을 수 있다면 심리적 안전성이 높아져서 개인과 팀 모두가 갖고 있는 능력을 십분 발휘할 수 있다.

덧붙여 이 책에서 소개한 '인지의 4가지 구성 요소를 활용한 의사소통'과 '경험에서 배우는 리플렉션'(77쪽)에는 심리적인 안정감을 주는 효과도 있다. 누구든지 자유롭게 자신의 생각·감정·가치관을 말할 수 있다면 서로를 좀 더 깊이 이해할 수 있어 안심하고 일할 수 있는 분위기가 만들어진다. 다른 사람이 솔직하게 털어놓는 실패담을 들으면 지금 내가 있는 곳이 매우 안전한 공간이구나 실감하게 된다. 서로의 경험을 통해 배울 수 있다는 사실을 깨닫고 나면 리플렉션 내용을 공유하는 일이 위험하지 않을뿐더러 깨달음을 공유하는 것과 같다고 여길 수 있다. 심리적으로 안정된 환경은 도전을 가능하게 하고, 다양성을 충분히 활용할 수 있는 조직문화를 만드는 데도 도움이 된다. 이 점에 대해서는 4장에서 다양성을 중심으로 좀 더 자세하게 다룰 것이다.

복습

- 오해를 피하려면 인지의 4가지 구성 요소를 활용하여 상대방의 이야기를 들어야 한다.
- 상대방이 감정적으로 말을 건네면 그의 감정을 세심하게 파악한 뒤 나 역시 이 점에 공감하고 있음을 전달하자.
- 무의식적 편견은 좋은 인간관계를 맺는 데 방해가 된다. 2단계로 이루어지는 리플렉션을 통해 자신의 편견을 메타인지 하자.
- 경험에서 배우는 리플렉션과 인지의 4가지 구성 요소를 활용한 의사소통을 통해 심리적으로 안정된 환경을 만들 수 있다.

칭찬은 언제나 가장 효과적인 전략이다

자신의 강점을 활용해서 성과를 내면 내가 팀에 도움이 됐다는 뿌듯함과 보람을 느낄 수 있다. 그런데 자신의 강점은 알기가 어렵다. **내가 잘하는 일은 나에게 그리 어렵지 않다 보니 잘하는 게 당연하다고 생각해서 특별하게 여기지 않기 때문**이다. 따라서 다른 사람에게 피드백을 받거나, 누군가와 경쟁해보는 기회를 가져서 자신을 알 기회를 만들 필요가 있다. '스트렝스 파인더'나 'MBTI' 등 자신의 강점과 성격을 분석해주는 검사 프로그램을 활용해도 좋다.

직장에서는 상사의 칭찬 한마디가 자신의 강점을 깨닫게 해주기도 한다. 게다가 칭찬에는 장점을 깨닫게 하고 이를 더욱 발전시키도록 만드는 힘만 있는 게 아니다. 사람에게는 칭찬받으면 단점에도 주의를 기울이는 성향이 있어서 칭찬은 놀랍게도 그 사람의 전반적인 성장을 돕는다.

5번 칭찬하고 1번 채찍질 하자

다른 사람에게 피드백을 전달할 때 긍정적인 내용과 부정적인 내용을 어느 정도의 비율로 섞어 말하는 게 좋을까. 마셜 로사다Marcial F. Losada 박사의 연구로 알려진 심리학 법칙, 이른바 '로사다 법칙'에 따르면 긍정과 부정의 비율은 3:1이 이상적이라고 한다. 왜냐하면 긍정적인 피드백보다 부정적인 피드백에 담긴 메시지가 3배 더 강하게 기억되기 때문이다. 만약 상대방에게 긍정적이고 부정적인 내용을 1:1의 비율로 섞어서 전달하면 상대방은 저 사람은 항상 부정적인 피드백만 한다며 마음을 닫아버릴지도 모른다. 효과적으로 부정적인 피드백을 전달하고 싶다면 최소 3회 이상 먼저 칭찬을 하자. 칭찬을 미리 저금해두면 나중에 효과적으로 인재를 육성할 수 있다.
몇 년 전에 '긍정적 코칭 연합'PCA의 창립자 짐 톰슨Jim Thompson의 강연을 들을 기회가 있었다. PCA는 스탠퍼드 대학의 MBA 교수였던 짐 톰슨이 1998년에 설립한 비영리단체로 스포츠 코치를 육성하는 기관이다. 강연에서 짐 톰슨은 PCA에서는 **긍정적인 평가를 5회 한 뒤 부정적인 평가를 1회 하도록 지시하며** 긍정적인 평가는 꼼꼼하고 구체적으로, 부정적인 평가는 건설적인 내용으로 전달할 것을 권유한다고 말했다. 5:1이야말로 가장 효과적인 '매직 비율'이라는 말이 참으로 인상적이었다.

짐 톰슨은 '승리'와 함께 '인간적 성장'을 목표로 하는 '두 가지 목표 달성 코칭법'을 개발한 바 있는데, 이 프로그램은 현재 학교, 스포츠클럽, 운동 시설 등 3500개의 단체에 도입되어 1900만 명이

그림3-4 긍정적 코칭

POINT

피드백은 부정 1 : 긍정 5

넘는 학생들이 참여하고 있다.

미국에서 높은 평가를 받고 있는 '청소년 스포츠 코칭법'에서도 로사다 법칙에서 말하는 3:1 비율보다 더 많은 칭찬을 하라고 제안한다. 로사다 법칙의 3:1을 넘어서 5:1 비율을 목표로 칭찬을 많이 하는 데 익숙해져보자.

물론 칭찬에도 요령이 있다. 누군가를 칭찬해야 한다면 인지의 4가지 구성 요소를 활용해보자. 감정을 훨씬 정확하게 전달할 수 있다.

사람은 어떤 점을 칭찬받을 때 가장 기뻐할까? 내가 타고 있는 차일까, 영업 실적으로 받은 표창장일까. 아니면 나의 성실함과 배려에 관한 칭찬일까. 일반적으로 우리는 **인성에 대해 칭찬받을 때 가장 기뻐한다**고 한다. 앞서 든 예 중에서는 성실함과 배려가 인성에 해당한다. 그다음으로는 성과를 칭찬받을 때이며, 마지막이 내가 가진 물건을 칭찬받을 때이다. 물론 사람에 따라 개인차는 있을 수 있다.

어찌 됐든 칭찬할 때는 나의 말이 단순한 아부가 아님을 증명하는 것이 중요하다. 예를 들면 단순히 '자네는 창의력이 참 뛰어나군!' 하고 칭찬하기보다는 '이번 브레인스토밍 회의에 자네가 참가해주면 다른 사람들이 자극을 받아서 평소보다 훨씬 많은 아이디어가 나올 거야'처럼 구체적인 근거를 들어서 칭찬해줘야 효과적이다.

인지의 4가지 구성 요소를 사용해 칭찬하는 법

의견 A씨는 창의력이 참 뛰어나다.

경험 A씨가 브레인스토밍 회의에 참가하면 A씨의 발상에 다들 자극받아서 점점 더 많은 아이디어가 나온다. 말도 안 되는 아이디어도 서로 즐겁게 받아들이는 분위기가 만들어져서 다들 자유롭게 의견을 내고 즐겁게 회의에 참여한다. 지난번에 A씨가 없는 회의에서 브레인스토밍을 했을 때 나도 A씨처럼 기발한 아이디어를 내려고 노력해봤지만 잘되지 않았다.

감정 (A씨와 함께 브레인스토밍을 할 때) 기쁨. (브레인스토밍 회의 때 A씨가 없으면) 아쉬움.

가치관 더 많은 아이디어를 끌어낼 수 있는 창의력.

칭찬할 점을 찾기 위한 리플렉션

3:1 혹은 5:1 비율로 부정적인 피드백보다는 칭찬을 많이 하라고 하면 칭찬할 점이 없는 사람에게는 어떻게 해야 하냐는 질문이 꼭

들어온다. 특히 고쳐야 할 점투성이인 사람에게서는 칭찬할 점을 찾기가 쉽지 않다는 게 공통된 의견이다.

이럴 때는 **아주 사소한 점이라도 좋으니 일단 칭찬을 시도**해보자. 도무지 칭찬할 점이 없다면 자신의 관점을 바꿔보는 방법도 있다. 인지의 4가지 구성 요소를 사용해서 자신의 내면을 돌아보고 다른 사람의 장점을 찾아내는 데 필요한 새로운 관점을 받아들이는 것이다.

목소리가 큰 사람에게는 목소리가 크고 힘차서 어디서나 잘 들린다며 칭찬할 수 있다. 자기 물건을 아끼는 사람에게는 소지하고 있는 펜이나 수첩에 대해 칭찬하는 것도 좋은 방법이다. 입고 있는 옷이나 즐겨하는 취미, 무엇이든 좋으니 사소한 점이라도 찾아내서 칭찬해보자.

칭찬할 점을 찾기 위한 리플렉션

✦ 1단계 현재의 관점을 메타인지 하기

의견 칭찬할 점이 없다.

경험 목표를 달성하려면 항상 다른 팀원들이 B의 몫까지 도맡아야 한다.

감정 안타까움, 우울함.

가치관 목표 달성, 책임감, 우수한 인재의 필요성.

1단계 리플렉션을 통해 우리는 B에 대해 칭찬할 점을 찾지 못하는 이유를 알 수 있다. 목표 달성과 책임에 대해서만 신경을 쏟고 있기 때문에 이 부분에서 기대에 미치지 못하는 B가 원망스러운 것이다. 이 점을 인지했다면 이제는 목표 달성이나 성과 이외의 영역으로 눈을 돌려 새로운 관점으로 칭찬할 점을 찾아보자. 이때는 감정을 조절하여 평가나 판단을 유보하는 것이 중요하다.

✦ 2단계 칭찬할 점 찾기

의견 칭찬할 점을 찾아보자.

경험 목표를 달성하지 못해도 항상 밝고 긍정적이다. 유머 감각도 있고 이벤트를 기획하는 일에 뛰어나다.

감정 편안함.

가치관 긍정적 사고, 밝은 성격, 건강한 마음, 즐겁게 일하는 것.

우리의 뇌는 어떤 일을 문제라고 인식하면 그 문제에 관련된 정보를 더 쉽게 받아들인다. 결국 그 문제는 우리 머릿속에서 점점 더 커진다. 마찬가지로 어떤 사람에 대해 칭찬할 점이 없다고 생각하면 그 사람의 단점이 더 크게 보인다. 게다가 그 사람 때문에 내가 손해를 보고 있다고 느끼면 안 좋은 감정까지 더해져서 그에 대한 부정적 인식이 더욱 커진다.

이럴 때는 자신의 사고와 감정을 메타인지 하여 평가나 판단을 뒤로 미뤄야 한다. 한 발짝 물러서서 자신의 내면을 메타인지 하면 의외로 쉽게 상대방이 가진 장점을 찾을 수 있다.

이렇게 이야기하면 인재 육성이 꼭 도를 닦는 일처럼 느껴지기도 한다. 틀린 말도 아니다. 자신의 마음을 다스리고 스트레스를 잘 극복할 줄 알아야 효과적으로 인재를 육성해낼 수 있다.

칭찬할 점을 찾아내려면 상대방에게 관심을 가져야 한다. 칭찬을 저금해두면 나중에 부정적인 피드백을 효과적으로 전달할 수 있음을 기억하자. 일단은 맡은 업무를 잘해내고 있는 직원부터 칭찬해보자. 그런 다음 기대에 못 미치는 직원도 감정을 조절하여 평가나 판단을 유보한 채 어떤 점을 칭찬할 수 있을지 찾아보자. 칭찬에 익숙해지면 인재 육성 능력이 올라간다.

복습

- 장점은 스스로 깨닫기 어려우므로 리더는 칭찬을 통해 팀원이 자신의 장점을 객관적으로 파악할 수 있도록 돕자.
- 인지의 4가지 구성 요소를 활용하면 칭찬을 효과적으로 전달할 수 있다.
- 피드백을 전달할 때는 긍정과 부정의 비율을 최소 3:1, 가능하면 5:1로 맞추자.
- 상대방에 대해 칭찬할 점이 없다고 느낀다면 자신의 내면을 파악하여 관점을 바꿔보자.

사람은 성장하려면 누군가의 도움이 필요하다

앞에서도 말했지만 성인발달 이론에 따르면 어른도 성장하기 위해서는 다른 사람의 도움이 필요하다. 능력이 뛰어난 사람은 스스로 성장할 수 있으니 다른 사람의 도움은 필요 없겠거니 여기기도 하지만 이는 오해다. 아무리 우수한 사람도 다른 사람의 도움이 있어야 더욱 크게 성장할 수 있다.

하버드대 교육대학원 교수 커트 피셔Kurt Fischer가 주장한 '다이내믹 기술 이론'dynamic skill theory에 따르면 인간의 성장은 두 가지 측면으로 나뉜다. 하나는 실제적 발달 수준이고, 다른 하나는 잠재적 발달 수준이다. '실제적 발달 수준'이란 다른 사람의 도움 없이 자신의 능력으로 성장할 수 있는 수준을 말하며, '잠재적 발달 수준'이란 다른 사람의 도움을 얻어서 성장할 수 있는 단계를 말한다.

주체성 있는 인재라 불리는 유능한 사람들은 대부분 다른 사람에게 가르침을 받은 기억이 없다고 말한다. 그들은 사람은 혼자서 성장하는 존재이며 다른 사람의 도움은 필요 없다고 느낀다. 하지만 다음 그림을 보면 알 수 있듯이 상사를 비롯한 다른 사람의 지원을 받으면 인간의 성장 폭은 훨씬 커진다. 어른이든 아이든, 유능한 사람이든 아닌 사람이든 다른 이의 도움은 언제나 유효하다.

그림3-5 커트 피셔의 다이내믹 기술 이론

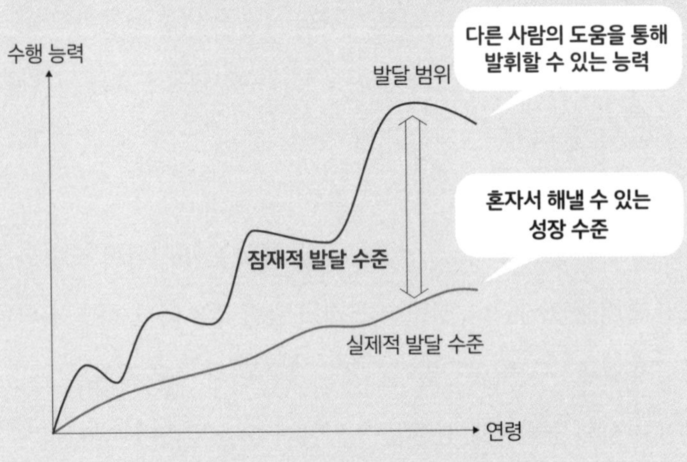

참고: 《성인발달 이론에 따른 능력의 성장》, 일본 능률협회 매니지먼트 센터

피드백은 3가지로 나눠서 전달하자

대부분의 사람은 인재를 육성하려면 대화에 시간을 많이 들여야 한다고 생각한다. 하지만 꼭 시간을 많이 할애해야 인재를 효과적으로 육성할 수 있는 것은 아니다.

미국의 빅테크 기업인 GAFA(구글, 애플, 페이스북, 아마존)에서 세계적으로 실시하고 있는 리더십 연수를 들은 적 있다. 이 연수에서 '유능한 리더가 직원 한 사람에게 피드백을 전달하는 시간은 고작 연간 20분'이라는 설명이 나왔다. 비밀은 상사의 정곡을 찌르는 피드백과 부하직원의 리플렉션 능력에 있었다. 리더는 핵심을 정확하게 전달하고, 부하는 리플렉션을 통해 자기 자신을 주기적으로 되돌아볼 수 있다면 피드백을 전달하는 물리적인 시간은 중요하지 않다.

부하의 리플렉션 능력을 올려주는 방법은 1장에서 설명했으므로 여기서는 질 높은 피드백을 전달하는 방법을 소개한다.

효과적으로 피드백을 전달하려면 우선 자신이 한 평가 내용을 메타인지 해야 한다. 이때는 객관적으로 지각(목격, 경험)한 사실과 주관적인 평가를 구분하자.

해석을 전달하기 (X)

객관적으로 지각(목격, 경험)한 사실

팀원이 벌써 3번이나 기한에 맞춰 자료를 제출하지 않았다. 매번 주의를 줄 때마다 "죄송합니다"라고 말하지만 행동은 달라지지 않는다. 이 상황이 반복되고 있다.

팀원에 대한 주관적인 평가

일하는 속도가 느리다.

리더는 자신이 지각한 사실을 바탕으로 팀원이 일하는 속도가 느리다고 평가했다.
물론 이 외에도 다양한 평가가 가능하다. 책임감이 없다, 내 지시를 가볍게 생각한다, 일을 못한다, 믿음직스럽지 않다 등.
이런 경우에는 대부분 '일하는 속도가 느리니 좀 더 빨리 일했으면 좋겠다'는 자신의 해석을 팀원에게 있는 그대로 전달한다. 하지만 안타깝게도 리더의 해석을 전달하는 피드백은 효과적이지 않다.
왜냐하면 사실에 대한 해석은 어디까지나 주관적이어서 듣는 사람이 자신과 똑같이 사실을 해석하고 받아들인다는 보장이 없기 때문이다.
특히 리더와 팀원이 일에 대해서 생각하는 방향이 다르다면 아무리 리더의 해석을 전달해봤자 의미가 없을 확률이 높다. 결국 피드백에 들인 시간만 아까울 뿐이다.

그렇다면 어떤 내용을 피드백으로 전달해야 할까. 앞서 든 사례를 토대로 생각해보자.

사실을 전달하기 (○)

✦ 1단계 자신의 감정을 리플렉션하기

피드백 내용을 냉정하게 생각해보려면 먼저 자신의 감정을 리플렉션해야 한다. **감정이 섞이면 피드백의 효과가 떨어진다.** 먼저 냉정해지는 연습부터 하자.

의견 기한에 맞춰 자료를 전달해주면 좋겠다.

경험 팀원이 벌써 3번이나 기한에 맞춰 자료를 제출하지 않았다. 늘 내가 자료를 찾으면 그제야 제출하는 식이다. 매번 주의를 줄 때마다 "죄송합니다"라고 말하지만 행동은 달라지지 않는다. 이 상황이 반복되고 있다.

감정 짜증.

가치관 마감기한 엄수, 약속, 신뢰, 책임, 사회인의 기본 자세, 성실함.

자신의 감정을 리플렉션하면 내가 지금 어떤 점에 짜증나 있는지 확인할 수 있다. 팀원의 행동은 내가 중요하게 여기는 가치관에 모두 어긋나 있으니 화가 날 만도 하다. 이렇게 자신의 감정을 메타인지 하고 나면 한층 차분해진 마음으로 냉정하게 피드백을 준비할 수 있다.

✦ 2단계 피드백 준비하기

피드백을 할 때는 '상대방의 행동, 행동에 따른 결과, 앞으로 바라는 모습' 3가지로 구분해서 전달하자.

상대방의 행동 **상대방의 행동을 객관적인 사실로써 구체적으로 전달한다.**

지난번에 의뢰한 자료는 제출일이 2월 3일이었는데 2월 5일에 제출했다.

행동에 따른 결과 **행동에 따른 결과를 설명한다.**

2일 늦게 자료를 제출하는 바람에 그 자료를 기반으로 기획서를 작성하려던 팀원들이 예정대로 작업에 들어가지 못해 결국 야근을 하게 되었다. 자료 전달이 늦어진 탓에 다른 사람들의 일정까지 틀어진 것이다.

보통 피드백을 할 때는 상대방의 행동으로 인해 벌어진 결과를 전달하지 않는 경우가 많다. 하지만 **결과 전달은 행동이 왜 잘못되었는지를 증명하는 과정으로 매우 중요하다.**

앞으로 바라는 모습 **앞으로 바라는 모습을 설명한다.**

앞으로는 자료 제출일을 꼭 지켜주길 바란다. 도저히 일정을 맞추기가 어렵다면 미리 얘기해서 날짜를 바꾸거나, 다른 사람의 도움을 받는 등 제출일을 지킬 방법을 생각해내면 좋겠다.

피드백은 문제가 생겼을 때 바로 해야 효과적이다. 앞 사례에서는 문제가 여러 차례 발생하는 동안 리더가 피드백을 하지 않고 그냥 넘어갔다. 이 부분을 하나씩 나눠서 살펴보자.

상대방의 행동

- 자료 제출일을 지키지 않았다.
- 이후에도 3번이나 기한에 맞춰 자료를 제출하지 않았다.
- 죄송하다고 말한 뒤에도 행동은 달라지지 않았다.

행동에 따른 결과

- 자료 제출일을 지키지 않았다.

→ 내가 고객에게 사과했다.

- 이후에도 3번이나 기한에 맞춰 자료를 제출하지 않았다.

→ 제출일을 앞당겨서 말해놓은 덕분에 큰 문제는 일어나지 않았다. 부하가 자료를 제시간에 제출해주리라고 기대하지 않았다.

• 죄송하다고 말한 뒤에도 행동은 달라지지 않았다.

→ 화가 났다.

상대방의 행동과 그에 따른 결과를 하나씩 따로 살펴보니 처음에 자료를 늦게 제출했을 때 리더 스스로 문제를 해결해버린 것이 상황을 악화시켰음을 알 수 있다. 처음에 바로 피드백을 했다면 문제가 커지지 않았을 수도 있다. '처음이니까 봐주자' 혹은 '부정적인 피드백은 피하자'와 같은 생각은 버리고 문제가 생기면 잊어버리기 전에 바로 피드백을 해주자.

다시 앞 사례로 돌아가서 만약 시간을 되돌린다면 처음에 자료를 늦게 제출했을 때 어떻게 피드백을 했다면 좋았을까.

문제가 생겼을 때 바로 피드백하기

상대방의 행동 자료 제출이 약속했던 일정보다 2일이나 늦었다.

행동에 따른 결과 내가 고객에게 사과했다. 다행히 관계가 좋은 편이어서 이해해주었다.

앞으로 바라는 모습 자료 제출 기한을 꼭 지켜주길 바란다. 사정이 있다면 미리 알려줬으면 좋겠다.

리더가 피드백을 한 다음에는 부하가 리플렉션을 할 차례다. 왜 제출 기한을 지키지 못했는지 이유를 찾아보자. 제출일을 잘못 알고 있었을 수도 있고, 그리 급한 일이 아니라고 판단했을 수도 있다. 혹은 먼저 해야 할 다른 일이 있거나, 자료를 만들다 보니 혼자서는 해결하기 어려운 고민이 생겼는지도 모른다.
이유가 뭐든 직접 물어보지 않는 이상 알 수 없다. 단순한 이유일 수도 있지만 리더가 나서서 해결해줘야 하는 문제일 수도 있다. **부하직원의 이야기에 귀 기울여서 상황을 파악하자**. 경험을 되돌아봐야 한다면 질문과 대화를 통해 부하가 리플렉션을 할 수 있도록 도와주자.

피드백을 전달하는 11가지 단계

앞에서 설명한 내용은 간단하게 피드백을 전하는 방법이다. 지금부터는 피드백을 전달하는 정식 절차를 소개하고자 한다. 항상 정식 절차를 밟을 필요는 없지만 이 과정을 익혀두면 효과적으로 피드백을 전달하는 데 큰 도움이 된다.

1단계 대화의 주제 공유하기

일어난 일에 대해서 언제, 어떻게 이야기할지 밝힌다. 두 사람이 함께 경험한 일을 주제로 리플렉션 하는 것이 중요하다.

2단계 팀원이 문제를 어떻게 인식하고 있는지 파악하기

리플렉션을 통해 팀원이 그 사건을 어떻게 인식하고 있는지 물어서 피드백할 내용을 정한다.

3단계 팀원이 인식한 내용을 리더와 공유하기

팀원이 인식한 바를 정리해서 그 내용을 리더와 공유한다. 이때 리더는 자신이 들은 이야기를 인지의 4가지 구성 요소로 정리해서 팀원에게 다시 전달하면 서로의 생각을 일치시킬 수 있다.

4단계 긍정적인 점 전달하기

부정적인 내용을 받아들이도록 하려면 긍정적인 메시지부터 전달해야 한다. 긍정적인 점을 전달할 때는 인지의 4가지 구성 요소를 활용하자. 자신이 한 일을 메타인지 할 수 있어서 효과적이다.

5단계　부정적인 점 전달하기

이 대화의 목적인 부정적인 점, 즉 개선하길 바라는 점을 전달한다. 237~239쪽을 참고하여 전하고 싶은 메시지를 상대방의 행동, 행동에 따른 결과, 앞으로 바라는 모습 3가지로 나눠서 전달하자.

6단계　피드백에 대해 리플렉션 하기, 서로를 이해하기 위한 대화 나누기

팀원이 피드백에 대해서 리플렉션 할 수 있도록 돕는다. 대화를 통해 아래의 3가지 사항에 대해 서로의 생각을 일치시키고 해결 방법을 찾자.

- 실제로 한 행동과 바라는 행동의 차이.
- 행동과 그 결과의 인과관계.
- 바람직한 행동을 하지 못한 원인(일에 대한 생각의 차이, 지식이나 경험 부족 등).

리더와 팀원의 생각을 일치시키려면 팀원의 의견뿐 아니라 그 배경에 있는 경험과 가치관까지 이해해야 한다. 바람직한 행동을 하지 못한 이유는 본인만 알 수 있기 때문에 리더는 팀원이 리플렉션을 잘할 수 있도록 도와주어야 한다. 의외로 원인이 팀원의 고정관념에 있는 경우도 많다. 73쪽의 '사람은 왜 쉽게 변하지 못할까?'와 관련된 내용을 참고해서 행동의 바탕에 있는 사고방식까지 들여다보자.

7단계　합의한 내용 정리하기

대화를 통해 합의한 내용을 정리한다.

8단계　행동 계획 세우기

문제 행동을 개선하는 데 필요한 구체적인 계획을 세운다.

9단계　서로의 목적과 방향 확인하기

어떤 상황을 목표로 하며 실행 계획은 무엇인지 확인한다.

10단계　중간 점검을 위한 일정 짜기

확실하게 계획을 실행해나갈 수 있도록 중간 점검 날짜를 정해둔다.

11단계　감사의 말을 나누고 대화 끝내기

성실하게 대화에 참여하고 문제 행동을 고치기 위해 노력하겠다는 자세를 보여준 점에 대해 감사와 응원의 말을 전한다. 도움이

그림3-6 피드백을 전달하는 11단계

POINT

피드백을 전달만 하고 끝낼 것이 아니라, 함께 대화하고 리플렉션 하면서 서로의 생각을 하나로 일치시키자.

필요하면 중간 점검 일정과 상관없이 언제든지 말하라고 전하며 지원을 약속한다.

겉으로 보이는 문제는 같아도 문제의 원인은 사람과 상황에 따라 전부 다르다. 우리는 팀원의 문제점을 발견하면 이를 개인의 능력 탓으로 돌릴 때가 많다. 하지만 알고 보면 **고정관념이나 개인의 성향 때문에 중요한 사실을 인지하지 못하는 경우**가 의외로 많다. 리플렉션과 대화를 통해 문제를 해결할 수 있는 가장 현명한 방법을 찾아내자.

복습

- 피드백을 전달하기 전에 인지의 4가지 구성 요소로 자신이 지각한 사실을 메타인지 하자.
- 피드백은 상대방의 행동, 행동에 따른 결과, 앞으로 바라는 모습 3가지로 나눠서 전달하자.
- 피드백을 전달한 후에는 대화를 통해 팀원의 리플렉션을 돕자.
- 피드백을 전달하는 11가지 단계를 익혀두면 언제 어디서나 효과적으로 피드백을 전달할 수 있다.

리더인 자신의 내면도 살펴봐야 한다

좋은 지도자가 되려면 자신이 다른 사람을 어떻게 지도하고 있는지 끊임없이 리플렉션해야 한다.

앞에서 리플렉션에는 총 4가지 단계가 있다고 설명했다. 1단계는 결과에 대한 리플렉션, 2단계는 다른 사람이나 환경에 대한 리플렉션, 3단계는 행동에 대한 리플렉션, 4단계는 내면에 대한 리플렉션이다.

커다란 변화가 필요할 때는 자신의 내면을 돌아보는 4단계의 리플렉션이 중요하다. 다른 사람을 지도할 때에도 이 법칙에는 변함이 없다. 그럼에도 **인재를 육성하고자 하는 사람들 대부분은 1, 2단계의 리플렉션에서 그칠 때가 많다.**

부하직원의 문제점을 발견하고 개선점을 알려줘서 그들을 성장시키는 데에만 신경을 집중하는 탓에 지도에 임하고 있는 자신의 행동과 내면을 돌아보는 일은 잊어버리기 때문이다. 팀원을 잘 가르치려면 그를 세심하게 관찰하고 상황과 변화를 파악하는 것이 중요하다. 하지만 아무리 가르쳐도 성장하는 모습을 보여주지 않는다면 3, 4단계의 리플렉션을 통해 자신의 행동과 내면을 리플렉션 해야 인재를 육성할 수 있다.

✦ 1, 2단계 결과 및 다른 사람이나 환경에 대한 리플렉션 (X)

의견 팀원의 일하는 속도가 느리다.

경험 그는 인간적으로는 좋은 사람이지만 일할 때에는 속도가 너무 느리다. 특히 요즘에는 일이 많아져서 팀원들 모두가 효율적으로 일하기 위해 최선을 다하고 있다. 그런데도 그는 여전히 기존 방식과 속도대로 일한다. 좀 더 효율적으로 일하면 좋겠다고 의견을 전달했지만 아무런 변화가 없다.

감정 괴로움.

가치관 성장, 효율성, 협력.

✦ 3단계 행동에 대한 리플렉션 (X)

의견 팀원에게 일을 좀 더 효율적으로 했으면 좋겠다는 의견을 전달했다.

경험 최근 전반적으로 일이 많아져서 팀원들 모두가 효율적으로 일하기 위해 노력하고 있음을 그에게 알리고 좀 더 요령 있게 일하길 바란다는 뜻을 전했다. 본인도 "알겠습니다"라고 대답하기에 내 뜻을 충분히 이해했다고 생각했다. 하지만 이후에도 그는 예전 방식대로 일하고 달라진 모습을 보여주지 않았으며 일하는 속도도 여전히 느렸다.

감정 괴로움.

가치관 성장, 효율성, 협력

✦ 4단계 내면에 대한 리플렉션 (○)

의견 그를 제외한 다른 팀원들은 기대 이상의 업무량을 해내고 있다. 특별히 지시를 내리지도, 효율적으로 일하는 방법을 알려주지도 않았는데 말이다. 그에게도 효율적으로 일하길 바란다는 나의 뜻을 전하기만 하면 분명히 행동이 달라질 것이다.

경험 다른 팀원들은 업무량이 늘어났는데도 고객 응대에 소홀해지지 않기 위해서 서로 협력하며 일을 처리하고 있다. 특별히 효율적으로 일해 달라고 부탁하지 않았는데도 모두 주도적으로 일하고 있는 것이다. 감사와 위로의 말을 전했다.

감정 (모두가 주도적으로 일해 주어서) 감사함. (그는 여전히 달라지지 않았음에) 아쉬움.

가치관 주체성, 상황대응력.

내면을 리플렉션 해보니 나의 행동에는 '현 상황과 나의 뜻을 전달하기만 하면 다른 사람들과 마찬가지로 그도 금방 적응할 것이다'라는 판단이 깔려 있음을 알 수 있다. 하지만 안타깝게도 상황은 달라지지 않았고 이는 나의 가설이 틀렸음을 의미한다.

이처럼 아무리 가르쳐도 결과가 좋지 않을 때는 **상대방의 문제에만 초점을 맞추지 말고 내가 선택한 지도 방법이나 행동 아래에 깔려 있는 생각을 되돌아봐야 한다.** 특히 지도 방법을 선택한 배경에 있는 '이렇게 하면 잘 될 것이다'라는 가설을 확인하는 것이 새로운 방법을 짜내는 데 큰 도움이 된다.

앞 사례에서 리더는 '나의 뜻을 전달하기만 하면 될 것이다'라는 가설을 가지고 있었다. 여기에는 다른 팀원들은 말하지 않아도 알아서 잘해주었다는 경험이 전제되어 있다. 하지만 그에게는 자신의 의견을 전달해도 아무런 효과가 없었으므로 이 전제가 통하지 않았다.

행동과 내면을 리플렉션 하면 '어쩌면 나의 전달 방식이 불명확했는지도 모른다'라는 깨달음을 얻을 수 있다. 다음번에는 이야기를 일방적으로 전달할 것이 아니라 그가 어떻게 이해했는지 말해보도록 하면서 좀 더 정확한 의사소통을 시도하게 된다.

이처럼 자신의 행동과 내면을 되돌아보고 이를 토대로 다음에 취할 행동을 생각하면 더 다양한 방법으로 인재를 육성할 수 있다.

사람은 모두 다 달라서 한 가지 방식으로 여러 사람을 가르칠 수는 없다. 그만큼 인재를 육성하는 일은 어렵다. 같은 말을 해도 사람에 따라 받아들이는 방식이 다르다. 리더의 의도를 단번에 이해하는 사람도 있지만 그렇지 못한 사람도 있다.

팀원과 의사소통할 때는 인지의 4가지 구성 요소를 활용하자. 서로의 생각을 이해하기가 훨씬 쉬워진다. 가장 안타까운 상황은 리더는 자신의 뜻을 충분히 전달했다고 생각했는데 팀원은 아무것도 이해하지 못했을 때다. 이런 경우에는 아무리 가르쳐도 효과가 나타나지 않는다. 리더라면 자신의 지도 방식에 대해서도 3, 4단계의 리플렉션을 반복해보자. 효과적으로 인재를 육성하는 방법을 터득할 수 있게 된다.

여러 번 말해도 바뀌지 않는 후배라면?

인재를 육성할 때 꼭 필요한 리플렉션이 하나 더 있다. 실패한 경험을 잊어버리는 리플렉션이다.

팀원을 가르치다 보면 몇 번이나 같은 말을 해도 전혀 달라지지 않는 사람을 만나곤 한다. 다들 한 번쯤은 경험해봤을 것이다.

실패 경험에 대한 리플렉션

의견 A는 항상 회의 시간을 지키지 않는다.

경험 몇 번이나 주의를 줬는데도 항상 회의가 시작한 다음에야 자리에 앉는다.

감정 짜증.

가치관 시간 지키기, 자기 성장.

이런 이를 가르치다 보면 불만이 쌓일 수밖에 없다. 몇 번이나 주의를 줬는데도 여전히 회의에 늦는 직원을 대할 때면 말로는 "다음부터는 늦지 마세요"라고 하지만 속으로는 '어차피 또 늦을 게 뻔해'라고 반쯤 포기해버린다. 결국은 말해봤자 내 입만 아프다며 늦지 말라는 주의조차 주지 않게 된다.

이와 같은 상황을 부하인 A의 입장에서 보면, 더 이상 주의를 주지 않는 것이 회의에 조금은 늦어도 된다는 허락을 의미한다고 여길 수도 있다.

문제점에 대해 리더가 더 이상 **지적하지 않으면 팀원은 이를 문제 행동을 해도 좋다는 의미로 해석하게 된다**는 점을 기억하자.

몇 번이나 주의를 줬는데도 같은 행동을 반복하는 이를 보면 포기하고 싶은 마음이 들기 마련이다. 이럴 때는 3, 4단계의 리플렉션을 해서 새로운 마음가짐으로 팀원을 대하자. 어차피

지적해봤자 이 사람은 달라지지 않는다는 생각으로는 결코 팀원의 변화를 기대할 수 없다.

사람의 변화는 본인이 결정하는 것이다. 매일 지각하는 사람이 내일도 분명히 지각할 것이라고는 어느 누구도 확신할 수 없다. 물론 습관처럼 반복되는 문제 행동이 하루아침에 달라지기란 쉽지 않다.

하지만 반쯤 포기한 상태로 부하가 알아서 행동을 개선해주길 바란다면 상황은 나아지지 않는다. '이 사람은 항상 이런 식이다'라는 생각이 들면 새롭게 마음을 먹어보자. 과거의 실패 경험이 아무리 많이 쌓여 있더라도 이를 모두 버리고 새로운 마음가짐으로 팀원을 대해야 한다.

어떤 사람은 인재 육성에 실패한 경험에 얽매여서 누구에게도 성장을 기대하지 않는다거나 후배를 가르치는 일에 흥미가 없다고 말하기도 한다. 실패 경험에서 생긴 고정관념에 지배당하고 있다면 주변에 있는 성공한 사람의 이야기에 귀 기울여보자. 다른 사람을 성장시키고, 그를 성공의 길로 안내하는 것은 그 사람을 행복하게 만들어주는 일이다. 또한 인재 육성은 조직의 일원을 가르치는 일이며, 회사의 경쟁력을 키우고 고객을 기쁘게 하는 일과도 연결된다.

자신이 가르친 후배가 차츰 성장하는 모습을 보여주면 인재를 육성하는 일이 재밌어지고 보람도 느낄 수 있다. 항상 자신의 지도 방식을 되돌아보면서 인재 육성에서 성공 경험을 많이 쌓는 리더가 되자.

복습

- 아무리 가르쳐도 결과가 좋지 않을 때는 상대방의 문제에만 초점을 맞추지 말고 자신이 선택한 지도 방법이나 그 바탕에 깔린 내면을 리플렉션 해보자.
- '이 사람은 항상 이런 식이다'라는 생각이 들면 각성이 필요하다. 과거의 실패 경험에 얽매이지 말고 평가나 판단을 유보한 채 늘 새로운 마음가짐으로 팀원을 대하자.

리플렉션으로 조직의 능력을 최대로 끌어올리자

조직 편

4

조직의 목적, 비전, 가치관의 중요성

3장에서는 리플렉션을 통해 인재를 육성하는 방법을 살펴보았다. 4장에서는 대상을 개인에서 조직으로 확대하여 조직을 운영해나갈 때 리플렉션을 어떻게 활용하면 좋을지 설명하고자 한다.
유능한 조직은 개개인의 주체성을 충분히 활용하며, 구성원 모두가 같은 방향을 향해 움직인다. 이를 위해서는 조직의 목적과 비전, 그리고 가치관이 명확해야 한다.

- **목적**: 조직이 존재하는 이유.
- **비전**: 조직의 궁극적인 목표.
- **가치관**: 목적과 비전을 실현할 때 조직이 중요하게 생각하는 가치.

목적 · 비전 · 가치관은 모두 눈에 보이지 않는 추상적인 개념이지만 조직을 운영하는 데 있어서 매우 중요한 역할을 수행한다. 이 세 가지 개념이 명확하게 설정되고 공유되면 구성원들은 자신이 어디에 서 있고, 어디를 향해 가야 하며, 어떤 가치관을 기준으로 행동해야 하는지를 이해한다. 이는 팀원들이 스스로 생각해서 행동할 수 있는 토대가 된다.

구성원들이 조직의 목적·비전·가치관에 납득하고 이를 받아들이기 위해서는 역시 리플렉션이 필요하다. 그럼 지금부터 목적·비전·가치관 순으로 구체적인 리플렉션 활용법을 알아보자.

목적

"우리는 무엇을 위해 존재하는가?"라는 질문의 중요성이 나날이 커지고 있다. 지금까지는 기업의 존재 이유를 매출이나 이익, 자기자본 이익률ROE과 같은 수치적 목표에서만 찾았다. 하지만 요즘에는 경제적 이익만이 아니라 기업이라면 지속가능한 경제성장에도 가치를 둬야 한다는 인식이 강해지고 있다.

주식시장에서도 기업의 투자 가치를 평가할 때 **환경, 사회, 기업 지배 구조**라는 세 가지 관점을 중심으로 보는 ESG 투자가 성행하고, UN에서 채택한 지속가능한 개발 목표SDGs를 내세우는 기업이 이목을 끈다.

기업뿐만이 아니다. 기업에서 일하는 사람들의 의식에도 커다란 변화가 일어나고 있다. 요즘 직장인들 사이에서는 일을 통해 경제적인 풍요로움을 누릴 뿐 아니라 사회에 공헌하고 싶다는 생각이 싹트고 있다.

아직 모든 기업이 ESG나 SDGs에 관심을 쏟는 상황은 아니지만, 10~20년 전을 돌아보면 지금 우리가 살고 있는 세상이 얼마나 많이 달라졌는지 충분히 실감할 수 있다. 기업의 존재 이유에 대한 인식이 하루가 다르게 변화하고 있는 만큼 우리는 새로운 마음으로 조직의 목적에 대해 다시 생각해봐야 한다.

조직의 목적을 탐구하는 데 필요한 질문에는 어떤 것들이 있을까? 우리는 무엇을 위해 존재하는지, 고객들에게 어떤 서비스를 제공해야 하는지, 어떻게 하면 사회에 공헌할 수 있는지, 어떤 미래를 창조하는 데 기여해야 할지, 그리고 이 모든 것이 인류의 행복에 어떤 점에서 도움이 될지 등 그야말로 다양한 질문을 생각해볼 수 있다. 그중에서도 특히 마음이 가는 질문이 하나 있다.

우리 조직이 지구에서 사라진다면 세상은 무엇을 잃어버리게 될까?

나는 이것이야말로 조직의 목적을 탐구하는 데 필요한 가장 궁극적인 질문이라고 생각한다.

조직의 목적을 세웠다고 해도 문제는 아직 남아 있다. 조직의 목적은 구성원 개개인의 마음속에 자리 잡아야만 비로소 본래의 역할을 해내기 때문이다. 같은 목적이라도 사람마다 그 목적을 실현하고픈 이유는 다를 수 있다. 저마다 다른 방식으로 조직의 목적을 자기 것으로 만들어야 하는 이유가 여기에 있다. 물론 아주 간단한 방법으로 조직의 목적을 내 것으로 만드는 방법이 있다. 자신이 소중하게 여기는 가치관을 조직의 목적과 연결 짓는 것이다. 이를 위해서는 1장에서 소개한 '나를 아는 리플렉션'을 해야 한다.

이렇게 이야기하면 경영진들만 조직의 목적을 자기 것으로 만들면 되지 않느냐고 묻는 사람이 있다. 하지만 곰곰이 생각해보자. 목적을 이루기 위해서는 연관된 모든 사람이 힘을 합치지 않으면 안 된다.

조직의 목적이 구성원 모두의 마음속에 단단히 자리 잡는다면 목적은 곧 모든 행동의 지침이 된다. 구성원들은 리플렉션을 할 때 자신의 행동이 조직의 목적에 부합했는지 확인할 수 있다. 이 단계에 이르면 조직의 목적은 명목상으로만 존재하는 것이 아니라 우리 눈앞에 실재하게 된다.

조직의 목적을 자기 것으로 만드는 리플렉션

의견 조직의 목적은 나에게 어떤 의미가 있는가? 조직의 목적은 나에게 왜 중요한가? 나의 동기의 원천과 조직의 목적은 어떻게 연결되어 있는가?

경험 그 의견의 배경에는 어떤 경험이 있는가?

감정 그 경험에는 어떤 감정이 얽혀 있는가?

가치관 이를 미루어볼 때 내가 소중하게 여기는 가치관은 무엇인가?

이 리플렉션은 조직의 목적이 이미 정해진 상황을 전제로 한다. 만약 목적부터 세워야 한다면 아래에 나오는 리플렉션을 활용해보자.

조직의 목적을 찾는 리플렉션

의견 **우리 조직이 지구에서 사라진다면 세상은 무엇을 잃어버리게 될까?**

경험 그 의견의 배경에는 어떤 경험이 있는가?

감정 그 경험에는 어떤 감정이 얽혀 있는가?

가치관 이를 미루어볼 때 내가 소중하게 여기는 가치관은 무엇인가?

조직의 구성원들이 모두 모여 리플렉션과 대화를 통해 설정한 목적은 그야말로 최강이다. 구성원 모두가 인지의 4가지 구성 요소를 활용하여 리플렉션에 참여하도록 이끌어보자. 각자의 **경험** 속에는 조직의 목적에 대한 힌트가 숨어 있다. 대화를 통해 각자의 경험 속에 들어 있는 숨은 진주를 발견해보자.

다른 사람의 경험을 들으면 내가 몸담고 있는 조직을 다양한 시각과 입장에서 바라볼 수 있다. 모두 함께 리플렉션을 하고 이를 공유하면 각자의 경험은 달라도 그 안에 공통적인 무언가가 있음을 깨닫는다. 이를 통해 조직의 매력이나 지금 우리가 하는 일의 의미를 이해할 수 있다. 또한 이 리플렉션은 조직의 목적을 자기 것으로 만드는 과정과도 연결된다.

목적이 정해졌다면 260쪽에서 설명한 '조직의 목적을 자기 것으로 만드는 리플렉션'을 실천해보자. 팀원들과 함께 조직의 목적이 나에게 왜 중요한지 인지의 4가지 구성 요소를 통해 살펴보면 개개인의 마음속에도 조직의 목적이 단단히 자리 잡을 수 있다.

비전

비전이란 우리가 바라는 미래의 모습이다. 좋은 비전은 모두의 마음을 하나로 만들어준다. 모두가 한 곳을 바라보면서 사명감으로 일하는 조직은 강할 수밖에 없다. 또한 비전이 명확하게 설정돼야 목표한 바를 이루어냈을 때 모두 함께 기뻐할 수 있다. 비전은 이상적인 팀을 만들기 위한 필수 조건이다.

실리콘밸리에서 최고의 경영 컨설턴트라 불리는 패트릭 렌시오니Patrick Lencioni는 저서《탁월한 조직이 빠지기 쉬운 5가지 함정》(위즈덤하우스, 2002)에서 훌륭한 팀은 5가지 특징이 있다고 말했다. 미국에서 그의 강연을 들었을 때에도 "우수한 팀원들이 한자리에 있는데도 능력을 발휘하지 못하는 팀에는 공통적인 특징이 있다"는 언급이 참으로 인상적이었다. 지금부터 설명하는 내용은 그의 이론을 바탕으로 작성한 것이다.

훌륭한 팀의 특징

신뢰관계 확립 서로에 대한 믿음이 바탕에 깔려 있다.

자연스러운 대립 누구나 주저하지 않고 반대 의견을 말할 수 있다.

참여하는 자세 결정을 내리거나 행동 계획을 세울 때 팀원 모두가 적극적으로 참여한다.

일에 대한 책임감 계획을 실행해나갈 때 모두가 책임감을 갖는다.

목표 달성 팀 전체의 목표 달성을 위해 항상 주의를 기울인다.

위 다섯 가지 특징 중 '목표 달성'을 이루려면 반드시 '비전'이 필요하다.

패트릭 렌시오니는 훌륭한 팀의 구성원들은 자신이 맡은 일뿐 아니라 팀 전체의 목표 달성을 위해서도 항상 주의를 기울이며 책임감을 가진다고 말했다. 이를 위해서는 팀원이라면 누구나 팀 전체의 비전과 현실의 차이를 충분히 인식하고 있어야 한다.

커다란 비전을 내걸고 열심히 달리다 보면 반드시 높은 벽을 만나게 된다. 이런 때 누군가 "비전이 보이지 않는다"고 말하곤 한다. 비전에는 달라진 게 하나도 없는데 보이지 않는다고 말하는 이유는 비전으로 향하는 길이 보이지 않기 때문이다. 이러한 목소리에는 주의를 기울여야 한다. 팀원 중 누군가가 벽에 부딪혀 길을 잃고 헤매고 있을 가능성이 높다.

"비전이 보이지 않는다"는 말이 들릴 때야말로 리플렉션을 할 타이밍이다. 리플렉션을 통해 지금 무슨 일이 일어나고 있는지 한걸음 물러서서 객관적으로 살펴보면 팀원들이 안고 있는 문제가 무엇인지 알 수 있다. 또 팀원들의 마음이 지금 어떤 상태인지도 파악할 수 있다. 리플렉션을 공유한 다음 한결 차분해진 마음으로 해결해야 할 문제에 대해 논의해보자.

혼자 힘으로는 도저히 벽을 넘을 수 없다고 느끼면 하나둘씩 비전을 포기하고 내팽개치는 팀원들이 나오기 마련이다. 팀원들이 포기하지 않도록 리더는 항상 이들을 지원하고 가르쳐야 한다. 비전은 구체적인 행동 계획과는 다른 데다 커다란 방향성만 제시해주기 때문에 팀원들 입장에서는 이를 모호하게 받아들일 수도 있다. 이때는 대화를 통해 비전을 어떻게 해석해야 하는지 서로의 생각을 맞춰나가야 한다. 이 방법에 대해서는 269쪽 '조직의 비전을 효과적으로 전달하는 법'에서 자세하게 설명할 것이다.

가치관이 곧 조직문화다

가치관은 조직의 구성원들이 목적과 비전을 실현해나갈 때 중요하게 생각해야 할 판단 기준이다. 가치관은 구성원들의 말과 행동에 반영되어 하나의 조직문화를 만든다.

제너럴일렉트릭GE에서는 시대의 변화에 발맞춰 회사가 내세우는 가치관도 계속 달라진다. 최근에는 새롭게 시작하자는 마음으로 '시험하고 배우면서 이긴다'Learn and Adapt to Win를 새로운 가치관으로 내세우고 있다. 가치관이 새롭게 정해지면 GE의 리더들은 자신의 행동 양식을 새 가치관에 맞게 수정한다. 리더는 조직의 가치관을 몸소 보여줘야 할 의무가 있기 때문이다. 직원을 가르칠 때는 새 가치관을 적극적으로 활용해서 짧은 시간 안에 새로운 행동 양식에 기반한 조직문화를 형성하고자 노력한다.
리플렉션은 가치관에 기반한 조직문화를 만들 때도 매우 유용하다. 모두가 자신의 행동이 조직의 가치관과 일치하는지 메타인지 할 수 있다면 다 같이 이상적인 조직문화를 만들고 키워나갈 수 있다.
조직문화는 눈에 보이지 않아서 의도적으로 만들어내기는 어렵다고 여겨지곤 한다. 이는 오해다. 그런 오해를 품고 있는 사람 역시 자신이 소속되어 있는 조직의 문화를 만들어내는 데 틀림없이 일조할 수 있다.
조직문화는 이념(가치관), 행동, 태도, 사고, 감정에 있어서 일관성을 지녀야 한다. 조직문화를 만들려면 이 5개의 항목에서 개개인이 일관성을 실현하고, 나아가 조직 전체에서도 일관성을 갖춰야 한다. 이때도 리플렉션이 필요하다.

조직문화의 일관성을 판단하는 5가지 항목

✦ 일관성이 있는 경우 (○)

이념 심리적으로 안정된 팀을 만들고 싶다.

행동 성공이든 실패든 자신의 경험을 자유롭게 이야기할 수 있다.

태도 서로의 깨달음과 성장을 존중해준다.

사고 리플렉션을 하면서 실패에서 깨달음을 얻을 수 있도록 다양한 질문을 생각한다.

감정 서로 배우고 성장하는 과정을 통해 즐거움을 느낀다.

✦ 일관성이 없는 경우 (X)

이념 심리적으로 안정된 팀을 만들고 싶다.

행동 실패 경험을 이야기하기가 어렵다. **◀ 이념에서 벗어나는 행동**

태도 서로의 깨달음과 성장을 존중해준다.

사고 실패에 대해서 생각하기를 꺼린다. **◀ 이념에서 벗어나는 사고**

감정 서로 배우고 성장하는 과정을 통해 즐거움을 느낀다.

두 번째 경우처럼 조직이 내세우는 이념과 실제로 일어나는 행동 및 사고가 어긋날 수 있다. 이때는 리플렉션과 대화를 통해 이념, 행동, 태도, 사고, 감정에서의 일관성을 확인해보자.

조직문화의 일관성을 확인하는 리플렉션

의견 우리는 조직의 이념을 몸소 실천하고 있는가?

경험 그 의견의 배경에는 어떤 경험이 있는가?

감정 그 경험에는 어떤 감정이 얽혀 있는가?

가치관 그 의견의 배경에는 어떤 가치관이 있는가?

리플렉션을 하면 자신이 조직의 가치관을 몸소 실천하고 있는지 스스로 확인할 수 있을 뿐 아니라 가치관을 지키고자 할 때 걸림돌로 작용하는 관점이나 사고방식을 메타인지 할 수 있다. 가령 심리적으로 안정된 팀을 만들고 싶은데 실패 경험에 대해 이야기하기가 망설여진다면 리플렉션을 통해 무엇이 이를 방해하고 있는지 발견할 수 있다. 장애 요인을 찾으면 대책을 세우기도 쉽다.

의견 실패 경험에 대해 이야기하기가 망설여진다.

경험 예전에 다른 팀에서 실패 경험을 말했더니 이야기가 누구의 책임인지 찾아내는 방향으로 흘러가서 결국 책임자가 비난을 받았다.

감정 안타까움.

가치관 즐거운 마음으로 함께 일하고 싶다.

위 사례에서는 실패 경험을 말하지 못하는 이유가 누군가가 비난받을지도 모른다는 두려움에 있었다. 실패 경험을 말해도 아무도 비난받지 않으리라는 믿음이 생기면 안심하고 자신의 경험을 이야기할 수 있을 것이다.
조직문화의 일관성은 조직에 변화가 필요할 때 매우 중요하다. 가끔 '틸 조직을 목표로 관리형 조직에서 자율형 조직으로 이행하려 했으나 실패했다'는 말을 듣는데 그 이유 가운데 **조직문화에 일관성이 결여된 점**이 있었다. 틸 조직을 만들려면 그에 걸맞은 조직문화가 형성되어야 한다. 이념·행동·태도·사고·감정에서 조직이 개인에게 어떠한 변화를 원하는지 명확하게 설명하고, 구성원들이 리플렉션을 통해 5가지 항목에서의 일관성을 스스로 확립하고 실천해나갈 수 있다면 틸 조직문화의 실현도 결코 어려운 일이 아니다.

복습

- 목적, 비전, 가치관을 정의할 때도 인지의 4가지 구성 요소를 활용한 대화가 필요하다.
- 목적, 비전, 가치관이 개개인의 마음속에 자리 잡으려면 리플렉션이 필요하다.
- 이념(가치관), 행동, 태도, 사고, 감정 5가지 항목에서의 일관성이 조직문화를 만든다. 이를 위해서는 개개인이 리플렉션을 통해 자신의 일관성을 점검해야 한다.

조직의 비전을 효과적으로 전달하는 법

리더십이란 자신의 말과 행동 혹은 존재만으로도 다른 사람을 주체적으로 움직이게 만드는 힘이다. 리더는 조직의 비전에 대해 말할 때도 리더십을 발휘하여 직원들의 마음을 움직일 수 있어야 한다.

구성원들에게 비전을 전달할 때는 '무엇을 이루고 싶은지'만이 아니라 왜 그렇게 생각하는지에 대해 자신의 '경험'과 '감정'을 섞어 말해야 한다. 이렇게 하면 상대방의 마음속에 그렇다면 '나는 어떤지, 나는 왜 이 일을 이루고 싶은지, 이 일은 나에게 어떠한 의미를 가지는지'와 같은 질문이 생겨나기 때문이다.

또한 리더 혼자만이 아니라 팀원 모두가 비전을 통해 서로에게 영향을 미칠 수 있다면 팀의 능력은 무한히 향상될 수 있다. 때로는 리더도 팀원인 누군가의 말을 통해 영감을 받고 에너지를 얻을 수 있다. 구성원 모두가 자연스럽게 자신의 비전을 말할 수 있는 조직을 만들어보자.

비전을 전달할 때 스토리텔링 활용하기

다른 사람의 공감이 필요할 때는 이야기를 통해 구체적인 이미지를 전달해주는 **스토리텔링**이 효과적이다. 스토리텔링을 어렵게 생각하는 사람이 많은데 리플렉션을 활용하면 의외로 간단하다.

스토리텔링을 위한 리플렉션

의견 모두와 함께 이뤄내고 싶은 일은 무엇인가?

경험 그 일을 이루고 싶다고 생각하게 된 경험은 무엇인가?

감정 그 경험에서 어떤 감정을 느꼈는가?

가치관 동기의 원천은 무엇인가? 나는 무엇을 소중하게 생각하는가?

기대 직원들에게 바라는 점은 무엇인가?

'스토리텔링을 위한 리플렉션'에는 상대방의 감동과 공감을 얻어내기 위해 필요한 요소가 모두 들어가 있다.

전 세계 50개국을 대상으로 한 설문 조사에서 7년 연속 '일하는 보람이 있는 회사'로 선정된 라이풀LIFULL의 대표, 이노우에 다카시井上高志의 창업기를 사례로 스토리텔링을 위한 리플렉션을 살펴보자.

라이풀 대표 이노우에 다카시의 이야기

의견　모두와 함께 이뤄내고 싶은 일은 무엇인가?

부동산 업계에 널리 퍼져 있는 정보의 불평등성을 없애고, 누구나 자신이 꿈꾸는 삶과 만날 수 있도록 돕는 회사를 만들고 싶다.

경험　그 일을 이루고 싶다고 생각하게 된 경험은 무엇인가?

감정　그 경험에서 어떤 감정을 느꼈는가?

부동산 회사에서 영업직으로 일할 때 한 젊은 부부를 만난 적 있다. 그 부부가 마음에 들어했던 집이 있는데 사정이 생기는 바람에 매매 직전에 포기하게 되었다. 마음에 들었던 집을 놓치고 안타까워하는 모습을 보자 어떻게 해서든 부부가 만족할 만한 집을 찾아주고 싶었다. 하지만 안타깝게도 우리 회사가 가지고 있는 매물 가운데는 적당한 게 없어서 다른 회사의 매물까지 알아보았다. 상사는 타사의 물건을 소개하는 것은 옳지 않다며 말렸지만 부부의 기대를 저버리고 싶지 않은 마음에 반대를 무릅쓰고 다른 회사의 물건까지 함께 소개해주었다. 그러자 부부는 타사 매물 가운데서 굉장히 마음에드는 집을 발견했다. 상사에게는 혼이 났지만 고객의 "정말로 감사합니다"라는 말에 진심으로 기분이 좋았다. 이 경험을 통해 나는 평생에 단 한 번, 큰돈이 들어가는 집을 고르는데 회사와 고객이 가진 정보의 격차가 큰 것은 옳지 않다고 생각하게 되었다.

가치관 동기의 원천은 무엇인가? 나는 무엇을 소중하게 생각하는가?

이타주의, 모두의 행복, 눈앞에 있는 사람이 행복하면 나도 행복하다.

기대 직원들에게 바라는 점은 무엇인가?

부동산 업계에서 고객들이 느끼는 불안감과 불편함이 무엇인지 아는 만큼, 다 함께 고객의 행복을 위해 서비스하는 데 힘썼으면 좋겠다.

이번에는 좀 더 친근하게 느낄 수 있는 신입 매니저의 사례를 살펴보자.

신입 매니저의 이야기

의견 모두와 함께 이뤄내고 싶은 일은 무엇인가?

더 많은 회사에 인재를 관리할 수 있는 인사관리 시스템을 제공해서, 직원의 경력을 개발하고 업무 의욕을 높이는 데 기여하고 싶다.

경험 그 일을 이루고 싶다고 생각하게 된 경험은 무엇인가?

감정 그 경험에서 어떤 감정을 느꼈는가?

이전에 일했던 회사는 인재 육성에 대한 관심이 낮아서 한 부서에서 3년 동안 같은 일만 반복했다. 스스로 성장한다는 느낌을 받지 못해 부서를 옮겨달라고 요청도 해보았지만 받아들여지지 않았고 결국 5년차 때 큰맘 먹고 이직을 결심했다. 만약 직원의 경력 개발을 도와주는 시스템이 있었다면 계속 그 회사에서 일했을 것이다. 나와 같은 생각을 하는 사람이 의외로 많지 않을까?

가치관 동기의 원천은 무엇인가? 나는 무엇을 소중하게 생각하는가?

자기계발 및 성장, 경력은 스스로 결정하는 것, 업무에 대한 의욕.

기대 직원들에게 바라는 점은 무엇인가?

인사 관리 시스템을 활용하여 직원들의 경력을 개발하고 업무 의욕을 올려주는 회사가 늘어나도록 힘쓰면 좋겠다. 자신이 성장하고 있음을 느끼고 마음 편히 일할 수 있는 회사를 만들자.

스토리텔링을 통해 비전을 전달하면 상대방의 마음을 움직일 수 있는 동시에, 개개인이 조직의 목적과 비전을 자기 것으로 받아들이게 된다.

스토리텔링으로 조직의 비전을 전달하는 법

아래에 나오는 4가지 질문에 대답하며 자신의 생각을 정리해보자. 인지의 4가지 구성 요소에 맞춰 이야기할 내용을 정한 다음에는 스토리텔링 형식으로 비전을 전달해보자.

비전을 말하기 위해 필요한 4가지 질문

- 무엇을 이루고 싶은가?
- 나에게 그 일은 왜 중요한가?
- 이와 관련된 경험은 무엇인가? 그때 느낀 감정도 함께 넣어서 생각해보자.
- 직원들에게 바라는 점은 무엇인가?

반대 의견 안에는 결정적인 단서가 있다

제아무리 멋진 비전을 제시해도 모든 직원이 그 비전에 찬성하기는 어렵다. 그래서 비전에 의문을 제기한 사람과의 대화가 중요하다.

그림4-1 스토리텔링 형식으로 비전 전달하기

자신의 비전을 전달하는 법

무엇을 이루고 싶은가?	더 많은 회사에 인재를 관리할 수 있는 인사 관리 시스템을 제공해서, 직원의 경력을 개발하고 업무 의욕을 높이는 데 기여하고 싶다.
나에게 그 일은 왜 중요한가?	누구나 자신이 성장하고 있다고 느끼며 일해야 행복하다. 요즘에는 이직이 당연시되는 만큼 조금이라도 젊었을 때 경력을 결정하는 것이 중요하다. 경력을 스스로 선택하고 성장할 수 있는 환경에서 일하면 업무 의욕이 높아지고 즐겁게 일할 수 있다.
이와 관련된 경험은 무엇인가? (그때 느낀 감정도 함께 넣어서 생각해보자)	이전에 일했던 회사는 인재 육성에 대한 관심이 낮아서 한 부서에서 3년 동안 같은 일만 반복했다. 스스로 성장한다는 느낌을 받지 못해 부서를 옮겨달라고 요청도 해보았지만 받아들여지지 않았고 결국 5년차 때 큰맘 먹고 이직을 결심했다. 그 회사는 취업준비생 때 내가 제일 들어가고 싶어 했던 회사였고 회사에 대한 이미지도 매우 좋았다. 아마 직원의 경력 개발을 도와주는 시스템이 있었다면 지금도 그 회사에서 일했을 것이다. 직원들의 경력을 개발하고 업무 의욕을 올리기 위해 노력하는 회사가 많아지면 이직을 하지 않아도 한 회사 안에서 충분히 성장하며 보람을 느낄 수 있다. 또한 마음 편히 경력을 결정하고 개발할 수 있을 것이다.
직원들에게 바라는 점은 무엇인가? (직원들의 동기의 원천과 조직의 비전을 연결시키기)	인사 관리 시스템을 활용하여 직원들의 경력을 개발하고 업무 의욕을 올려주는 회사가 늘어나도록 힘쓰면 좋겠다. 자신이 성장하고 있음을 느끼고 마음 편히 일할 수 있는 회사를 만들자.

POINT

비전과 동기의 원천을 연결 짓고, 경험과 감정을 넣어 자신만의 이야기를 만들어 전달하자. 비전을 말할 때 경험과 감정이 들어가지 않으면 단순히 회사의 방침을 전달하는 데 그치고 만다.

비전을 전달한 다음 피해야 할 일이 있다. 비전에 부정적인 사람과 대화를 해보기도 전에 설득부터 시도하는 것이다. 이 경우 상대방은 조직의 비전에 대해 더욱 거부감을 가질 수 있다. 직원들이 조직의 비전을 어쩔 수 없이 받아들이는 것은 장기적으로 봤을 때 좋지 않다.

비전에 대해 부정적으로 생각하는 사람이 있다면 먼저 그 의견의 배경에 있는 경험과 감정, 가치관을 들어야 한다.

잊지 말자. 상대방은 당신의 비전에 반대하는 것이 아니라 자신이 소중하게 여기는 가치관을 지키려는 것뿐이다. 상대방이 지금 어떠한 가치관을 부정당했는지를 파악하는 일이 내 비전에 공감을 얻어내기 위한 첫걸음이다.

비전에 대한 반대 의견

'근무 방식을 다양화해서 직원 모두가 자신만의 방법으로 활약할 수 있는 조직을 만들고 싶다'라는 비전을 제시했더니 한 매니저가 반대 의사를 내비쳤다. 매니저에게 인지의 4가지 구성 요소를 활용하여 의견을 물어보니 다음과 같은 대답이 돌아왔다.

의견 다양한 근무 방식을 관리하는 데 한계가 있다. 매니저로서 책임을 다할 수 있을지 의문이다.

경험 근무 시간이 모두 똑같았을 때도 직원들 각자의 능력과 생산성, 업무 의욕이 달라 매니저로서 책임을 다하는 데 많은 노력과 수고가 들어갔다.

감정 힘듦.

가치관 책임감, 직원 관리.

반대 의견의 배경에는 매니저로서 책임을 다하고 싶다는 마음이 있었다. 이런 사람 덕분에 조직이 제기능을 하고 있는 것이다. 매니저의 우려는 충분히 공감할 만한 사항으로, 실제로 일어날 확률도 낮지 않다. 따라서 조직 차원에서의 대책을 마련해야 한다. 이처럼 **반대 의견은 중요하게 짚고 넘어가야 할 사항을 발견해내는 데 큰 도움이 된다**.

반대 의견을 들은 다음에는 직원들에게 비전을 전달할 때 이에 관한 새로운 메시지를 추가해야 바람직하다.

반대 의견을 고려해서 비전 전달하기

의견 근무 방식을 다양화해서 직원 모두가 자신만의 방법으로 활약할 수 있는 조직을 만들고 싶다. 다양한 근무 방식이 자리 잡기 위해서는 먼저 개개인이 자신의 일을 관리할 줄 알아야 한다. 이를 위한 인재 육성 방법과 지침을 검토해서 전달하겠다.

자기 관리가 가능해지면 다양한 근무 방식이 도입됐을 때 개개인의 생산성이 올라갈 수 있다. 또 다양한 상황에 놓인 사람들이 자신만의 생활 양식에 맞춰 시간을 쓸 수 있어서 일과 삶의 균형이 유지되고 행복도도 올라간다. 맞벌이 가정의 업무 효율성도 올라가고 개인의 삶도 희생되지 않는다. 회사에서는 다양한 근무 방식을 도입하기 위해서 자율형 인재를 육성하려는 노력도 계속할 것이다.

경험 일하는 부모는 늦은 오후 시간이 되면 아이를 어린이집에서 데려온 뒤 저녁 식사 준비를 해야 해서 회사 일 외에도 할 일이 많다. 30대 맞벌이 부부는 아이가 일어나기 전이나 잠든 후에 더 집중해서 일할 수 있으므로 9시에 출근해서 5시에 퇴근하는 획일적인 근무 방식보다는 유연하게 일과 삶을 오갈 수 있도록 배려해야 효율적이다.

가치관 맞벌이 가정, 일과 삶의 균형, 자율성.

직원 모두가 조직의 비전을 자기 것으로 받아들이고 일하는 회사를 만들려면 리더가 일방적으로 **비전을 전달만 할 것이 아니라 직원들과의 대화를 통해 비전의 세부 방향을 조정해나가야 한다**. 비전은 하나여도 그에 대한 해석은 사람마다 다르다. 때로는 자신이 소중히 여기는 가치관에 부딪혀 조직의 비전에 부정적인 의견을 가지는 사람도 있다. 비전에 반대하는 사람에게서 이유를 듣고 나면 이후에 비전을 전달하는 방식을 고쳐나갈 수 있다. 앞 사례처럼 반대 의견을 통해 미리 문제점을 깨달아서 여러 가지 대처 방법을 생각해내는 경우도 있다.

이때 꼭 기억해야 할 사항은 비전에 반대하는 사람은 **리더의 의견에 반대하는 것이 아니라 자신이 소중하게 여기는 가치관을 지키려는 것뿐**이라는 점이다. 평가나 판단은 뒤로 미루고 평정심을 유지한 채 직원들의 반대 의견에 귀 기울이면 더욱 강한 리더십을 발휘할 수 있다.

조직의 문제점을 직시하자

조직의 비전을 제대로 전달하기 위해서는 스토리텔링 형식으로 비전을 구체적으로 상상할 수 있게 말해야 한다. 그런데 사실 이보다 더 중요한 부분이 있다. 바로 조직이 처한 문제점을 직시하는 일이다.

짐 콜린스Jim Collins는 저서《좋은 기업을 넘어 위대한 기업으로》(김영사, 2021)에서 다음과 같이 말했다.

위대한 업적을 이루고 비약적으로 성장한 기업은 모두 위대해지기 위한 첫걸음으로서 자신이 처한 현실 중 가장 냉혹한 사실을 직시했다.

- 조직이 처한 현실과 상황을 파악하기 위해 노력하면 현명한 판단을 내릴 수 있다. 냉혹한 현실을 직시하는 자세야말로 올바른 결정을 내릴 수 있는 방법이다.

조직이 처한 문제점을 직시하기란 쉬운 일이 아니다. 하지만 팀 차원에서 문제점을 발견하고 대화하다 보면 조직이 처한 문제점의 큰 그림이 드러나고 이를 해결할 방법도 찾을 수 있다. 가까운 예를 통해 조직의 문제점을 직시하는 리플렉션을 해보자.

조직이 처한 문제점을 직시하는 리플렉션

✦ 당면 과제

원격 근무제를 시작했는데 기대했던 만큼 생산성이 올라가지 않는다.

✦ 나의 의견

의견 원격 근무를 하는데도 생산성이 올라가지 않는 이유는 임무가 정확하게 주어지지 않았기 때문이다.

경험 예전 직장에서 신규 사업을 시작했을 때 무슨 일부터 해야 할지 몰라 당황했던 적이 있다. 이후 일의 세부 목표와 임무가 정해지자 업무의 생산성이 올라갔다.

감정 (세부 목표와 임무가 정해지지 않은) 불안함. (임무가 정해졌을 때) 편안함.

가치관 세부 목표와 임무의 중요성.

✦ A의 의견

의견 원격 근무를 하는데도 생산성이 올라가지 않는 이유는 조직의 목적과 사업 전략과 같은 업무에 전제되는 판단 기준이 공유되지 않았기 때문이다.

경험 빠른 판단이 요구되는 일을 맡게 되면 나는 항상 처음으로 돌아가서 조직의 목적과 사업 전략부터 생각한다.

감정 (결정하기 전의) 긴장감. (결정한 뒤의) 편안함.

가치관 최선의 방법 찾기, 판단 기준.

✦ B의 의견

의견 원격 근무를 하는데도 생산성이 올라가지 않는 이유는 직원들의 주체성이 부족하기 때문이다.

경험 주체적으로 일하는 사람은 원격 근무를 해도 생산성이 떨어지지 않는다. 그들은 스스로 일을 결정해서 착수할 줄 안다.

감정 (주체적으로 일하는 직원들을 봤을 때의) 부러움.

가치관 주체성, 자율성.

A와 B의 의견을 들어보면 임무가 명확하게 주어지지 않았던 점뿐 아니라 조직의 목적과 사업 전략이 공유되지 않고, 직원들이 주체적으로 일하지 않는 점도 문제였음을 알 수 있다. 의견을 많이 들으면 들을수록 문제점을 다양하게 파악할 수 있어서 조직이 처한 문제점의 본질에 더욱 근접할 수 있다.

사례에서는 회사에서 흔히 경험할 수 있는 문제를 다뤘지만 이 리플렉션은 우리 사회가 안고 있는 문제처럼 규모가 큰 문제를 파악할 때도 활용할 수 있다. 요즘 우리가 안고 있는 문제들은 매우 복잡한 데다 다양한 측면을 가진 경우가 많아서 문제의 전체 모습을 바르게 파악하려면 리플렉션과 대화에 많은 시간을 들여야 한다.

또한 문제점을 직시하는 리플렉션을 통해 현실과 이상의 차이가 명확하게 드러나면 창조적 긴장이 발휘된다. 이때 우리는 창조적 긴장을 활용하여 목표를 이루기 위해 노력할지 아니면 현실을 담담하게 받아들일지 선택해야 한다. 이 선택을 통해 만들어진 비전은 미래를 창조하는 원동력이 된다.

일상적인 대화에도 스토리텔링을 활용하자

마지막으로 우리가 흔히 겪을 수 있는 문제들을 스토리텔링 형식으로 비전을 말하는 과정을 살펴보려고 한다. 스토리텔링을 가미한 의사소통 방식은 상대방의 주체성을 존중하면서 자신이 기대하고 원하는 바를 전달하는 데 매우 효과적이다. 상대방에게 기대하는 점을 **내 경험담과 그때 느낀 감정**을 덧붙여 이야기하면 공감을 얻어낼 수 있어서 짧은 의사소통 안에서도 자신이 말하고 싶은 내용을 효과적으로 전달할 수 있다. 또한 단순한 지시나 명령과는 다르게 상대방의 주체성을 빼앗지 않는 것이 큰 장점이다.

부하에게 진행 상황을 보고해달라는 의견 전달하기

의견 업무의 진행 상황을 적절하게 보고해주었으면 좋겠다.

경험·감정 나도 예전에는 바쁜 상사를 배려하자는 마음으로 상사의 시간을 빼앗지 않기 위해 업무가 잘 진행되고 있을 때는 가능한 보고를 생략했다. 하지만 막상 상사가 되어보니 부하 직원들의 보고가 없으면 업무 진행 상황이 무척 신경 쓰인다는 점을 알게 되었다.

부하에게 바라는 점 특별한 문제가 없더라도 간단하게 업무의 진행 상황을 말해주면 좋겠다.

이처럼 가벼운 의견을 전달할 때도 스토리텔링을 가미해서 이야기해보자.

복습

- 인지의 4가지 구성 요소를 활용하여 스토리텔링 형식으로 비전을 전달하자.
- 반대 의견은 업무의 방향을 일치시키기 위해서 매우 중요하다. 인지의 4가지 구성 요소로 반대 의견을 경청한 뒤 이를 참고해서 비전을 전달하자.
- 조직이 처한 문제점을 직시하면 비전을 세울 때 큰 도움이 된다.

지금은 다양성이 새로운 가치를 만들어내는 시대

어려운 과제에 도전하거나 혁신이 필요할 때는 가능한 다양한 사람들의 개성과 전문성이 필요하다. 서로 다른 경험과 가치관을 가진 사람이 모이면 지금까지와는 다른 방식으로 문제를 해결할 수 있기 때문이다. 일을 하다가 벽에 부딪혔을 때 다른 부서의 동료나 지인들과 이야기하다가 생각지도 못한 아이디어를 얻게 되는 경우도 이와 같은 이치다.

물론 서로의 차이가 너무 크면 말이 통하지 않거나 이해하기가 힘들어서 위화감과 불쾌감을 느낄 수도 있다. 하지만 차이가 크면 클수록 새로운 발상이 떠오를 확률이 높아져서 해결책을 찾기도 쉬워진다. 나와 다르다는 이유로 배제하기보다는 서로가 다를 수 있음을 인정하고 받아들이면 우리가 지닌 다양성이 빛을 발하게 된다. 리플렉션과 대화를 통해 지금까지와는 다른 세상에 들어가서

한 단계 더 성장하는 기회를 잡아보자.

사회는 점점 다양성을 중시하는 방향으로 변화하고 있다지만 여전히 우리나라는 문화적 특성상 다른 것보다는 같은 것을 선호하는 경향이 있다. 그래서 다양한 사람들의 개성을 진심으로 인정해주고 칭찬해주기가 아직 어려운 사람들이 많다. 하지만 곰곰이 생각해보자. 우리는 생각하는 것(의견), 느끼는 것(감정), 소중히 여기는 것(가치관), 그리고 지금까지 한 경험이 모두 다르다. 이제는 국적이나 성별과 같은 기준으로 서로를 나누고 묶어서 다양성을 지우기보다는 개개인의 차이와 개성에 눈을 돌려야 할 때다.

인지의 4가지 구성 요소를 활용해 대화하면 서로의 차이를 진심으로 받아들일 수 있다. 예를 들면 다 같이 강연을 들은 다음 대화를 나눠보자. 인상적인 부분이 다 다르다는 사실에 깜짝 놀랄 것이다. 강연에 대해 이야기 나누면서 인지의 4가지 구성 요소로 각자의 의견 뒤에 자리한 배경을 파악하다 보면 저마다 자신의 경험과 가치관을 어떻게 활용하며 강연을 들었는지 알 수 있다.

벤처기업 대표의 강연을 듣고 나서

✦ 창업이 목표인 대학생

의견 창업을 목표로 삼고 있는 대학생이라면 실제 벤처기업에서 인턴을 해보길 권한다는 말이 기억에 남았다.

경험 졸업 후 창업을 하고 싶다는 꿈이 있는데 이를 위해 지금 무엇을 하면 좋을지 답을 얻었다.

감정 (강연 전) 답답함. (강연 후) 시원함.

가치관 지금 할 수 있는 일을 하자, 꿈을 이루기.

✦ 신규 사업 개발 업무를 담당하는 10년 차 직장인

의견 "지금의 성공 뒤에는 수많은 실패가 있었다. 처음 구상했던 사업 내용과 지금 하는 사업은 완전히 다르다고 봐도 될 정도다. 경영 전략을 수정하고 방향을 전환하는 것은 사업의 성공을 위한 기본 상식이다"라는 말이 인상 깊었다.

경험 신규 사업을 개발할 때 지금까지 해온 회사의 의사결정 과정이 사업 진행을 방해한다고 느꼈는데 이런 내 생각에 확신을 하게 되었다.

감정 (강연 전) 답답함. (강연 후) 시원함.

가치관 신규 사업 성공, 문제 해결.

지금까지와는 다른 새로운 세상에 뛰어들면 두 가지 깨달음을 얻을 수 있다.

첫째, **내가 '당연하게 생각해왔던 것'이 무엇인지 깨달을 수 있다.** 우리는 많은 것을 당연하게 받아들이고 있다. 비슷한 사람이 모여 있는 환경에서는 모두가 당연하게 여기고 있는 사실에 대해 의문을 제기하는 사람이 없다 보니 생각의 한계를 깨닫기가 어렵다.
하지만 새로운 세상에 들어가면 내가 당연하게 여기고 있는 사실이 전혀 통하지 않는 상황을 맞닥뜨리게 된다. 누군가가 던진 "왜 그렇게 생각해요?"라는 질문에 자신을 새로운 시각으로 바라볼 수 있다.
둘째, **새로운 관점을 배울 수 있다.**
자신의 '당연함'이 통하지 않는 이질적인 세상으로 들어가서 그곳에 공감할 수 있다면 새로운 관점을 배울 수 있다. 다른 세상에서 내 상식이 통하지 않는다며 불평하는 것은 시간 낭비다.
호기심을 가지고 새로운 세상을 대하면 다양한 시각과 관점으로 생각하는 힘이 커진다.
다양성을 활용하여 긍정적인 화학반응을 이끌어내려면 여러 가지 관점을 받아들여서 새로운 가치를 창출해내야 한다. 이를 위해서는 지금까지와는 다른 세상에 들어가서 새롭게 배우는 습관이 필요하다.

다양성을 위한
4가지 마음가짐

서로의 다름을 인정하고 다양성을 받아들이려면 4가지 마음가짐이 필요하다.

1) 나 역시 다양성의 일부분을 차지하는 존재다

다양성을 존중하자고 하면 다른 사람을 존중해주어야 한다고 생각하는 사람이 많다. 이는 울타리 밖으로 나와 스스로에게만 다른 기준을 적용하는 것과 같다. 다양성을 받아들일 때는 자신도 상대방도 모두 다양성의 일부분임을 인식해야 한다.

2) 사실과 해석을 혼동하지 말자

나와 다른 세상에 사는 사람을 이해하려면 객관적인 사실과 주관적인 해석을 구분해야 한다. 앞에서도 말했지만 우리는 사실을 해석할 때 자신의 경험을 활용하기 때문이다. 상대방의 이야기를 들을 때는 객관적인 시각으로 인지의 4가지 구성 요소를 파악해가며 자신의 해석은 덧붙이지 말자.

3) 평등하고 개방적인 관계를 중시하자

지위나 직급은 그저 역할의 차이를 의미하는 것으로, 여기에 우열의 잣대를 들이대서는 안 된다. 다양한 사람들이 함께 존재할 때 발휘되는 가장 큰 이점은 상호 학습이 가능하다는 것이다. 직급이 높은 사람은 낮은 사람에게서 배우려 하지 않고, 직급이 낮은 사람은 결코 높은 사람을 뛰어넘을 수 없는 환경에서는 새로운 가치를 창출해내기 어렵다.

4) 항상 대화하자

다양성을 존중하는 팀을 운영하려면 리플렉션과 대화를 자주 해야 한다. 대화할 때는 의견의 차이가 아니라 가치관의 차이에 주목하자. 혼자서는 결코 찾아낼 수 없는 답을 만나게 된다.

다양한 사람이 모여 있는 조직이라면 이 4가지 사항을 조직문화로 삼아보자. 다양성이 지닌 강점을 최대로 끌어낼 수 있다.
조직문화로 삼을 때는 124쪽에서 소개한 5가지 항목에서 일관성을 이루는지 점검하며 리플렉션을 습관화하자.
우리는 기존의 세계와 새로운 세계의 경계선에 서 있을 때 스트레스를 가장 많이 받는다. 새로운 세상이 바로 옆에 있다는 걸 알면서도 그 세상에 뛰어들기가 망설여진다면 새로운 세상의 존재는 그저 커다란 난관일 뿐이다. 하지만 새로운 세상에 한 번 발을 들이면 그다음부터는 배움의 연속이어서 스트레스를 느낄 틈조차 없다. 새로운 세상에 들어갔을 때 놀라움과 위화감을 느낀다면 리플렉션을 해보자. 지금이야말로 나를 알 수 있는 기회임을 인식하고 자신을 더 깊이 파악하고 분석하자. 그리고 조금씩 여유가 생긴다면 상대방이 있는 세계에는 내가 모르는 무엇이 있을까라는 마음으로 적극적인 대화를 시도해 깨달음을 얻기 위해 노력하자. 새로운 세상에 들어가면 좋은 일이 생긴다는 긍정적인 경험을 많이 쌓으면 새로운 세상에 대한 막연한 공포심은 점점 줄어들 것이다.

복습

- 인지의 4가지 구성 요소를 활용하여 나와 상대방의 차이를 깨닫고 그 안에서 깨달음을 얻자.
- 지금까지와는 다른 세상에 들어가보면 이제껏 내가 당연하게 여겼던 사실을 새로운 시각으로 바라볼 수 있다.
- 다양성을 존중하려면 우열의 개념을 버리고, 상호학습이 가능한 평등하고 개방적인 관계를 만들어야 한다.

조직의 문제를 해결하는 새로운 방법

새로운 미래를 창조하고 싶다면 팀별로 하는 리플렉션도 중요하지만 이보다 먼저 개인별로 리플렉션을 해야 한다. 팀원 모두가 6가지 리플렉션을 실천한다면 꿈꿔왔던 이상을 실현할 수 있다. 다시 한 번, 각각의 리플렉션을 통해 무엇을 배울 수 있는지 정리해보자.

새로운 미래를 만드는 리플렉션

1) 나를 아는 리플렉션

과제를 발견해 내는 힘인 동기의 원천, 즉 자신이 소중하게 여기는 가치관이 무엇인지를 안다.

자신이 원하는 미래의 모습과 그 아래 깔려 있는 동기의 원천이 무엇인지 알 수 있다.

2) 조직이 처한 문제점을 직시하는 리플렉션

현실을 직시하고 무엇이 문제인지 알 수 있다. 무엇을 지각하고 판단했는지 자신의 인지 과정 속에 있는 경험과 가치관을 파악해서 문제의 본질을 깨닫는다.

복잡한 문제가 발생했을 때는 지금 일어나는 현상뿐 아니라 그 배경에 있는 구조나 시스템까지 파악해야 한다. 이를 위해서는 다른 사람들과의 대화를 통해 자신을 가두고 있는 틀 밖의 세상으로 나가야 한다.

3) 비전을 세우는 리플렉션

현실과 이상의 차이와 동기의 원천을 삼각형으로 묶으면 창조적 긴장이 생겨나서 잠재력과 창의력이 발휘된다.

4) 현실과 이상의 차이를 새롭게 인식하는 리플렉션

새로운 현상을 마주했을 때는 2, 3번의 리플렉션을 다시 해서 현실과 이상의 차이를 새롭게 깨달아야 한다. 현실의 좋은 부분만 보려 하면 문제점을 직시하지 못하고, 부정적인 부분에 지나치게 집착하면 문제점을 실제보다 크게 인식할 수 있다. 객관적인 눈으로 현실과 이상의 차이를 깨달으면 편견이 가져올 위험을 피할 수 있다.

5) 경험에서 배우는 리플렉션

예측하여 가설을 세우고 이에 따라 행동한 뒤 결과를 리플렉션 한다.

경험에서 배우는 리플렉션은 결과만이 아니라 원인이 된 행동과 자신의 내면을 리플렉션 하고 이를 통해 새로운 가설을 세운다.

경험을 통해 법칙을 발견하고 깨달음을 얻는다.

팀원이 다 같이 리플렉션을 하면 배움의 질이 높아진다.

(새로운 일에 도전할 때는 98~102쪽 언런을 위한 리플렉션과 자기 변화를 위한 리플렉션을 실천한다.)

6) 리플렉션하는 자신을 메타인지 하는 리플렉션

1~5번의 리플렉션을 살펴보며 빠진 부분이나 편견은 없는지 점검한다.

각 리플렉션에서 확인해야 할 사항

1번 나는 지금 무엇에 집착하고 있는가? (어떤 가치관이 나를 지배하고 있는가? 고정형 사고방식을 가지고 있지는 않은가?)

2번 현실에서 가장 어려운 문제점을 제대로 직시했는가?

3번 비전이 달라지지는 않았는가? (왜곡되거나 축소된 부분은 없는가?)

4번 현실과 이상의 차이를 객관적으로 파악했는가? (경험에서 알게 된 사실을 바탕으로 문제점을 파악하는 방법을 새롭게 발전시켰는가?)

5번 행동 전에 세운 가설은 명확한가? 경험에서 배운 내용을 바탕으로 가설을 수정했는가? 수정 사항은 잘 반영되었는가?

이상을 실현하기 위해서 팀원들과 함께 위의 6가지 리플렉션을 실천해보자. 일이 잘 풀리지 않는 원인을 발견하게 될 것이다. 그럼 지금부터는 팀원들과 함께 문제를 해결하고 창조적인 활동을 펼쳐나갈 때 어떻게 리플렉션을 활용하면 좋을지 살펴보겠다.

디자인적 사고에 리플렉션 활용하기

세계적인 기업 유니레버가 인도의 시골 마을에서 비누를 팔기 위해 착수했던 '샥티 프로젝트'를 통해 인간을 중심으로 생각하는 디자인적 사고와 여기에 리플렉션을 활용하는 방법을 살펴보자. 손을 닦는 습관과 위생 개념이 없는 사람들에게 비누를 팔기란 어려운 일이다. 그래서 유니레버는 마을의 행정 관계자 및 지역 사람들과 함께 팀을 구성하여 현지 연구에 들어갔다. 이를 디자인적 사고의 첫 번째 단계인 '공감'이라고 부른다. 현지 연구를 할 때는 지역 사람들의 입장에 서서 현실을 파악해야 한다. 이를 위해서는 **사실과 해석을 구분하는 능력이 필요하다.** 손을 비누로 닦는 것이 당연하다는 생각으로는 현지 사람들의 삶을 관찰해봤자 그들의 마음을 이해할 수 없다.

✦ 사실과 해석을 구분하지 않는 경우(자신의 경험을 바탕으로 사실을 해석한다)

비누로 손을 닦는 습관이 없기 때문에 비위생적인 환경에서 아이들이 죽고 있다.

✦ 사실과 해석을 구분하기(사실을 있는 그대로 파악한다)

손을 씻는 습관이 없다, 비누가 뭔지 모른다, 비위생적인 환경 때문에 아이들이 죽고 있다는 사실을 모른다, 어른들은 아이들의 죽음을 고통스러워한다, 생활이 궁핍하다 등.

샥티 프로젝트에서는 현지 연구를 통해 파악했던 여러 가지 사회문제를 해결하려고 노력했다. 사회문제를 해결하는 것이 비즈니스 기회를 창출할 방법이라고 판단한 것이다. 이때 회사의 입장과 가치관을 내세우기보다는 현지 사람들의 편에 서고자 했다. 그리고 누구의 어떤 불편함이 문제이며, 그 원인은 무엇인지를 **해석이나 평가 없이 사실만 받아들였다.** 이처럼 사실을 있는 그대로 받아들이는 리플렉션을 통해 인간 중심적으로 사고하면 현실을 바꿀 창조적인 아이디어에 접근할 수 있다.

시스템적 사고에 리플렉션 활용하기

세계 최대의 사회 기업가 네트워크를 가진 아쇼카에서는 "먹을 것이 부족한 사람들에게는 물고기를 낚는 법을 알려줄 게 아니라 어업 시스템을 가르쳐야 한다"며 시스템의 중요성을 강조했다. 시스템을 바꾸려면 겉으로 드러난 문제점만 보지 말고 그 아래 숨겨진 빙산의 전체 모습을 파악해야 한다. **거대한 시스템은 작은 요소들의 긴밀한 연결로 이루어져 있어서, 각각의 요소를 이해하고 연결이 필요한 요소들을 묶으려면 리플렉션과 대화를 반복해야 한다.**

겉으로 드러난 문제 아래에 있는 보이지 않는 거대한 빙산은 크게 세 가지로 이루어져 있다.

시스템과 구조 지금 일어나고 있는 일을 지탱하고 있는 제도, 구조, 법률 등. (현상을 이루고 있는 요소들의 인과 관계를 인과 지도Loop Diagram로 표현하기도 한다.)

시간에 따른 변화 시간에 따라 변화하는 요소나 그 패턴.

이해관계자들의 가치관 사회적 통념, 관점, 가치관, 이념, 문화 등.

내가 속해 있는 NPO 법인 '러닝포올'LFA에서도 '아이들이 살아가는 세상'의 시스템을 파악하여 아이들의 빈곤문제를 본질적으로 해결하고자 노력 중이다. 10년 전 LFA에서 시작했던 학습 지원 사업을 사례로 거대한 빙산을 이루는 세 부분을 어떻게 파악하여 문제를 해결했는지 살펴보자.

시스템적 사고로 각각의 요소를 연결하기

가설 학습 지원이 필요한 아이가 많아서 아이들을 모으기는 쉬울 것이다.

결과 아이들에게 다가갈 방법이 없어서 결국 실패했다.

행동 아이들이 모일 수 있는 시스템을 구축하자. 이를 위해 필요한 요소들을 이해하고 연결하자.

학습 지원 사업을 시작했을 때 가장 어려웠던 부분은 아이들을 모으는 일이었다. 쉽게 아이들을 모을 수 있으리라 생각했던 예상이 빗나가자 우리는 아이들이 모일 수 있는 시스템을 구축해야겠다고 생각했다. 이때 필요한 요소들을 이해하고 연결하기 위해 리플렉션을 여러 번 반복했다. 우리도 아이들의 학습 시스템을 구성하는 일부(요소)가 되기 위해 기존의 구성 요소에 해당하는 학교, 학부모, 자치단체, 지역 지원자와의 연대를 꾀했다. 그들과 대화를 거듭한 끝에 결국 지역 차원에서 아이들의 학습을 지원해주는 시스템을 만들었다.

시간 순서에 따른 패턴 그래프로 학력 격차가 일어나는 과정 이해하기

경험 아이들의 학습 발달 과정을 시간 순서대로 파악해보면 초등학교 4학년 때부터 학습 격차가 뚜렷하게 드러난다. 하지만 이는 4학년 때부터 학습이 본격적으로 시작돼서일 뿐, 학력의 차이는 학교에 입학하기 전부터 시작된다는 사실을 알았다. 어릴 때부터 떨어진 학습 능력은 시간이 지날수록 점차 커져서 나중에는 포기하고 싶은 마음으로 이어지게 된다. 중학생 학습을 지원할 때도 초등학교 내용까지 돌아가서 가르칠 필요가 있다.

비전 학습 지원 대상을 초등학교 1학년까지 확대하고 싶다.

아이들의 학습 발달 과정을 시간 순서에 따른 패턴 그래프로 파악해보니, 학습의 격차가 뚜렷해지는 초등학교 4학년 때가 아니라 훨씬 이전부터 학력 격차 문제가 발생하고 있음이 파악됐다. 그래서 근본적인 문제를 해결해 줄 새로운 비전을 세웠다.

이해관계자들의 가치관 파악하기

가설 이 아이들은 15분 이상 앉아서 공부하기가 어렵다.

경험 처음에 공부방을 열었을 때 아이들을 소개해준 사회복지사 선생님은 자원봉사자 학생에게 “이 아이들은 15분 이상 앉아서 공부하기가 힘들다”고 말했다. 아마도 자원봉사자 학생이 실망하지 않길 바라는 마음에서 한 말이었을 것이다. 그러나 첫날 공부방에 모인 아이들은 무려 3시간이나 앉아서 공부했다.

깨달음 나눗셈도 하지 못할 정도로 학력이 크게 떨어진 중학생들도 공부를 잘하고 싶다는 바람은 있다. 학생들의 학습을 지원해주는 담당자조차도 그들이 이토록 열심히 공부하리라고는 전혀 예상하지 못했다.

비전 아이들의 가능성을 믿는 것이 ‘러닝포올’의 사명이다.

이처럼 이해관계자에 해당하는 사회복지사와 아이들의 가치관을 알게 되자 우리의 창조적 긴장은 더욱 높아졌다. 그리고 이 창조적 긴장은 비전을 실현하는 데 매우 긍정적으로 작용했다.

시스템을 바꾸려면 새로운 사실과 만났을 때 **사실과 해석을 구분해서 퍼즐을 맞추듯이 전체 그림을 파악해야 한다.** 새롭게 얻은 정보로 전체 모습을 파악할 수 있다면 문제를 다면적이고 다각적으로 이해할 수 있어서 본질적인 해결 방법에 다가설 수 있다.

아울러 시스템을 구성하고 있는 이해관계자가 누구인지를

알고 그들의 대처 방법과 가치관을 아는 것도 시스템 전체의 모습을 이해하는 데 반드시 필요하다. 사회 시스템은 다양한 이해관계자들로 구성되어 있다. 이해관계자가 애쓰고 있는데도 문제가 해결되지 않을 때는 시스템의 목적, 요소, 요소 간의 연결 중 뭔가를 바꿔야 한다.

다양한 분야의 전문가와 협업하기

같은 분야의 전문가들만 모여 있으면 독특한 발상을 기대하기는 어렵다. 그래서 요즘은 비즈니스 업계에서도 리버럴 아트나 예술 분야와 융합하려는 움직임이 나타나고 있다. **서로 멀리 떨어져 있는 분야를 융합했을 때 생겨나는 가치는 상상을 뛰어넘을 만큼 크고 효과적이다.**

하지만 서로 다른 분야를 융합하기란 쉽지가 않다. 보통은 서로 중요하게 여기는 가치관이나 평소에 사용하는 언어가 달라 서로를 이해하지 못하기 때문이다. 자신의 전문성을 이와 동떨어진 분야의 전문성과 융합해서 새로운 가치를 창조하려면 우리가 지금까지 살펴보았던 메타인지와 리플렉션, 대화, 언런의 기술을 적극적으로 활용해야 한다.

예전에 실리콘밸리에서 일본과 미국의 기술자가 새로운 기술 개발을 위해 협력했던 프로젝트에 참여한 적이 있다. 그곳에서 나는 의사소통의 어려움을 뼈저리게 깨달았다.

프로젝트는 시작부터 난관에 부딪혔다. 기계공학 분야의 전문가였던 일본 기술자들은 기존의 사례들을 철저하게 분석한 다음에 새로운 기술 개발에 착수하고자 했지만, 정보통신 분야의 전문가였던 미국 기술자들은 사전 조사나 분석보다는 자신들의 아이디어를 곧바로 현실화하는 데 집중했다. 일본 기술자들은 미국 기술자들이 대충 일하면서 쓸데없이 시간을 낭비한다고 말했고, 미국 기술자들은 일본 기술자들이 도통 아이디어를 내지 않는 모습에 창조성이 떨어진다고 말했다.

지금 생각해보면 일본 기술자들은 분석·기획·개발·테스트 등의 단계를 순차적으로 밟는 워터폴 방식으로 개발을 진행하길 원했고, 미국 기술자들은 빠른 일처리와 반응 확인을 통해 수정 사항이나 새로운 요구에 기민하게 대응하고자 하는 애자일 방식으로 일하길 원했다. 그저 새로운 기술을 어떤 방식으로 개발할지에 대한 의견이 맞지 않았던 것뿐이다. 당시에 모두 함께 리플렉션이나 대화를 했더라면 훨씬 빨리 성과를 낼 수 있었을 텐데 아쉬울 따름이다.

콘셉트를 정할 때도 리플렉션 활용하기

새로운 콘셉트를 개발하는 것은 새로운 가치 기준을 세우는 것과 같다. 좋은 콘셉트를 정하려면 그 안에 이야기를 담아야 하는데 인지의 4가지 구성 요소를 활용하면 효과적으로 이야기를 담아낼 수 있다.

새로운 컵을 디자인하기 위한 콘셉트 정하기

의견 일할 때 따뜻한 음료가 옆에 있으면 기분이 좋다.

경험 일할 때는 매번 새로 커피를 따르기가 어려워서 주로 큰 머그잔을 사용한다. 그러다 보니 식은 커피를 마실 때가 많다.

감정 (커피가 옆에 있어서) 기쁘다. (커피가 식어서) 아쉽다.

가치관 커피는 따뜻해야 맛있다.

인지의 4가지 구성 요소로 알게 된 가치관을 바탕으로 새로운 콘셉트를 정해보자.

새로운 컵의 콘셉트 '언제나 따뜻한 커피를 당신 옆에'

컵의 콘셉트를 정하는 과정은 매우 간단한 예지만 이보다 복잡한 사회 시스템의 콘셉트를 생각해낼 때도 인지의 4가지 구성 요소는 큰 도움이 된다. 예를 들면 의무교육 시스템을 바꾸고 싶다면 왜 바꾸고 싶은지, 어떻게 바꾸고 싶은지를 인지의 4가지 구성 요소를 사용해서 적어보자. 다양한 가치관을 발견해낼 수 있다. 사회 시스템을 바꾸는 일은 컵의 콘셉트를 정하는 것처럼 간단하지가 않아서 혼자서 생각하기보다는 다양한 이해관계자들과 대화해야 한다. 하지만 아무리 큰 문제를 다루더라도 **그 출발점은 인간의 생각 안에 있는 인지의 4가지 구성 요소**임을 기억하자.

아프리카 속담에 '빨리 가려면 혼자 가고, 멀리 가려면 함께 가라'는 말이 있다. 작은 문제는 혼자서도 해결할 수 있지만 커다란 문제를 해결할 때는 다양한 이해관계자들의 협력이 필요하다는 뜻이다. 리플렉션과 대화의 기술을 활용하여 다같이 먼 곳까지 갈 수 있도록 노력해보자.

복습

- 미래를 만드는 6가지 리플렉션을 실천하자.
- 인간 중심의 디자인적 사고로 문제를 해결하거나, 근본적인 원인을 찾아내서 시스템을 바꿀 필요가 있을 때에도 리플렉션이 필요하다.
- 다양한 전문성을 융합시켜서 새로운 가치를 창조하려면 리플렉션과 대화가 필수다.

학습하는 조직 만들기

'학습하는 조직'이란 매사추세츠 공과대학 교수 피터 센게가 주장한 이론으로, 세계 여러 나라에서 활용되는 조직 관리법이다. 학습하는 조직을 한마디로 정의하면 **목표를 이루기 위해 모두가 리더십을 발휘하고 이를 환영하는 조직**이다. 이러한 조직에서는 지위나 역할에 상관없이 누구나 아이디어를 내고 '누구의 아이디어냐'가 아니라, '그 아이디어가 유용한가'에 대해서 개방적으로 논의하는 문화를 가지고 있다.
나는 미국 기업 GE의 사례를 통해 학습하는 조직의 위력에 놀라 관련 내용을 국내에 소개하기 시작했다. GE를 학습하는 조직으로 만든 CEO 잭 웰치는 조직의 벽을 허물고, 관리자가 학습자의 자세를 갖추길 요청했다.
또한 리더는 지위나 연령에 관계없이 누구에게서든 배우는 자세를 가져야 하며, 타부서나 회사에서 나온 좋은 아이디어를 자신의 조직에 응용하는 힘이 필요하다고 강조했다.

이후 교육 시찰을 위해 덴마크에 방문했을 때도 대사관 관계자에게 '덴마크는 학습하는 나라'라는 말을 들었다. 기업만이 아니라 국가 차원에서도 학습하는 조직론이 활용될 수 있다는 점에 크게 놀랐다. 덴마크에서는 시민, 행정, 기업, 대학이 함께 사회를 만들어나가는 시스템이 갖춰져 있어서 '쿼트로 헬릭스'(사중 나선)라는 말이 생겼을 정도다. EU가 설립될 때 모든 유럽 나라들은 '학습하는 나라'로 재탄생했다.

GE의 변화를 이끈 잭 웰치는 뭐든지 1등으로 하기를 좋아하는 사람이었다. 그래서 학습하는 조직을 만들기로 한 것이다. 하지만 그가 학습하는 조직을 선택한 이유는 가장 먼저 학습하는 조직을 탄생시킨 기업이 되기 위해서가 아니었다. 그는 GE를 '학습하는 조직론'을 가장 훌륭하게 도입한 기업으로 이끌어서 조직의 능력을 1등으로 만들고자 했다.

사원이 30만 명이나 되는 GE는 지금도 가장 성공적으로 학습하는 조직이 된 회사로 인정받고 있다. 최근에는 에릭 리스Eric Ries를 새 지도자로 맞이하여 제품을 빠르게 개발하고 출시하여 시장의 반응을 바로 반영하는 '린 스타트업' 경영 기법을 내세우고 있다. 이에 따라 '시험하고 배우면서 이긴다'가 새로운 조직문화가 되었다.

일본에서는 대기업은 웬만해서 변화를 시도하지 않는다는 의식이 강하다. 또 조직 임원들의 생각은 예나 지금이나 한결같다고 여긴다. 하지만 GE의 사례를 보면 이러한 인식은 어디까지나 고정관념에 지나지 않음을 알 수 있다.

요즘에는 틸 조직을 목표로 상하관계가 없는 평등한 팀이나 자율형 조직을 원하는 리더가 늘고 있다. 학습하는 조직은 자율형 조직으로 가기 위한 중간 관문이라고 볼 수 있다. 상하관계가 없는 평등한 조직에서는 개개인이 회사의 목적과 비전을 자기 것으로 받아들여서 자기 스스로 창조적 긴장을 발휘할 줄 알아야 하며, 다른 사람과 협동하여 문제를 해결하거나 판단할 수 있어야 한다. 이 행동 양식의 바탕에는 학습하는 조직의 5가지 규율이 있다.

학습하는 조직의 5가지 규율

피터 센게는 그의 저서에서 **학습하는 조직이 되려면 5가지 규율을 배워야 한다**고 설명했다. 지금까지 소개한 리플렉션과 대화는 피터 센게가 말한 학습하는 조직의 5가지 규율을 실천하는 방법이기도

하다. 학습하는 조직의 5가지 규율과 함께 책에서 나온 내용과 일치하는 부분들을 살펴보자.

❶ 정신모델

'정신모델'이란 사고방식이나 패러다임과 같이 세상에 존재하는 사물이나 인간을 바라볼 때 각각의 사람들 내면에 깔려 있는 기본 틀을 말한다. 학습하는 조직을 구축하려면 개개인이 자신의 정신모델과 그 영향력에 주의를 기울여야 한다. 일이 잘 풀리지 않을 때는 밖에서 원인을 찾지 말고 내 안에 있는 정신모델의 결함에 집중하는 편이 현명하다.

이 책에서는 정신모델을 인지의 4가지 구성 요소로 설명했다. 메타인지력을 높이면 자신의 정신모델을 자각하기 쉬워진다. 메타인지력은 학습하는 조직을 만들 때 꼭 필요한 능력이다. 자신의 의견을 절대시하지 말고 의견 뒤에는 경험·감정·가치관이 얽혀 있음을 깨닫자.

❷ 팀 학습/ 다이얼로그

'팀 학습'이란 팀이나 조직 내·외부의 사람들과 대화해 개개인의 정신모델과 문제점의 전체 모습을 파악하고 관계자들의 의견을 듣는 과정을 말한다. 그중에서도 다함께 대화해서 깊이 깨닫고 문제의 본질과 목적을 탐구해나가는 방법을 '다이얼로그'라고 한다.

팀 학습의 핵심은 대화다. 이 책에서는 대화를 경계선 밖의 세상으로 나가 새로운 깨달음을 얻는 과정으로 소개했다. 팀원들과 함께 인지의 4가지 구성 요소를 활용하여 리플렉션과 경청을 실천하는 것이 팀 학습의 기본 바탕이 된다.

❸ 시스템적 사고

시스템적 사고란 어떤 현상을 다양한 요소들 간의 결합으로 보고 그 결합의 질과 상호관계에 주목하는 방식을 말한다. 주로 현상의 전체 모습을 파악하거나 복잡한 문제를 해결하는 방법으로 응용되며 '시스템은 살아 있다'는 사고방식의 근간을 이루는 관점이기도 하다.

이 책에서는 문제를 해결하기 위한 리플렉션의 실천법으로서 시스템적 사고와 일맥상통하는 빙산 모델을 소개했다. 복잡한 문제가 해결되지 않는 이유는 문제 자체를 제대로 이해하지 못하기 때문이다. 원인과 결과의 관계가 보이지 않거나 원인에 해당하는 요소가 복잡하게 얽혀 있는 경우다.

빙산 모델에서는 어떤 문제든지 겉으로 보이는 현상은 빙산의 일각일 뿐 그 아래에는 눈에 보이지 않는 거대한 빙산이 있음에 주목한다. 세상을 이해하려면 자신의 눈이 아닌 다양한 이해관계자들의 눈이 필요하며 이를 위해 인지의 4가지 구성 요소를 활용한 리플렉션과 대화를 해야 한다.

❹ 개인적 숙련

'개인적 숙련'이란 자신이 어떻게 되고 싶은지, 무엇을 창조하고 싶은지에 대해 명확한 비전을 가지고 비전과 현실의 차이로 생겨나는 창조적 긴장을 활용하여 내재적 동기를 이끌어내는 과정이다.

이 책에서 소개한 창조적 긴장은 개인적 숙련에서 말하는 창조적 긴장과 같은 뜻이다. '나를 아는 리플렉션'(40쪽)이나 '비전을 세우는 리플렉션'(51쪽)을 실천하면 개인적 숙련을 달성할 수 있다. 틸이나 홀라크라시 같은 자율형 조직에서는 조직의 목적과 맞닿는 개인의 창조적 긴장이 조직을 움직이는 원동력이라고 본다.

❺ 공유 비전

'공유 비전'이란 구성원 각각의 비전이 모여서 조직의 비전이 확립되는 과정을 말한다. 일단 비전이 공유되면 이는 조직의 행동, 성과, 학습의 방향을 결정한다.

이 책에서는 공유 비전이 확립되려면 구성원들의 개인적 숙련이 뒷받침되어야 함을 설명했다. 또 공유 비전을 만드는 과정에는 대화가 필수적이다. '나를 아는 리플렉션'이나 '비전을 세우는 리플렉션'과 함께 '조직의 비전을 효과적으로 전달하는 법'(269쪽), '잘 듣고 잘 말할 줄 알아야 훌륭한 리더다'(170쪽)에서 나온 내용을 실천해보자.

학습하는 조직을 성공적으로 실현한 '티치포아메리카'

미국 대학생들이 취업하고 싶은 곳 1위로 뽑은 비영리단체 '티치포아메리카'에서는 학습하는 조직을 성공적으로 실현하고 있다.
티치포아메리카TFA는 1990년 프린스턴 대학을 졸업한 웬디 콥Wendy Kopp이 설립한 단체로, 아이비리그를 졸업한 우수한 학생들을 2년간 미국 빈곤 지역의 학교 선생님으로 파견하는 프로그램을 운영하고 있다.

웬디 콥은 TFA를 운영하면서 성적이 뛰어난 학생을 채용해도 누구나 좋은 선생님이 되는 것은 아님을 깨달았다. 그래서 빈곤 지역 학생들의 성적을 눈에 띄게 올려서 그들의 인생에 긍정적인 영향을 미치는 선생님들을 관찰하고 리플렉션을 반복한 결과 그들에게 관통하는 보편적인 법칙을 발견해냈다. 그 법칙을 정리해서 만든 교사들의 지침서가 '리더십으로 가르치기'Teaching As Leadership인데, 이에 따르면 좋은 선생님들은 다음의 6가지 사항을 실천한다고 한다.

- 목표를 크게 가진다.
- 학생과 그의 가족을 진심으로 대한다.
- 목적을 가지고 계획을 세운다.
- 효과적으로 행동한다.
- 성과를 계속 추구한다.
- 끊임없이 노력한다.

TFA에서는 이 6가지 사항을 실천하기 위해 항목별로 학습 결과를 기록하는 평가지를 만들고 교사들을 위한 사전 연수나 평가에

'리더십으로 가르치기'에 나온 지침을 적극적으로 활용한다.

티치포아메리카를 벤치마킹한 '티치포재팬'TFJ이 설립됐을 때 내 역할은 TFA를 보고 배워서 TFJ를 학습하는 조직으로 만드는 일이었다. 이때 웬디 콥과 이야기를 나눌 기회가 있었는데 이를 통해 나는 "모든 아이가 양질의 교육을 받을 수 있는 사회를 만들고 싶다"는 그녀의 비전이 진심이고, '리더십으로 가르치기'에는 그녀의 창조적 긴장이 고스란히 반영되었음을 확신했다. TFA에 참여하는 모든 학생도 그 비전에 공감했기 때문에 선생님 한 명의 깨달음이 팀 전체의 깨달음으로 이어지고, 하나의 좋은 아이디어가 조직의 전체의 지식으로 전달되어서 후배를 양성하는 데 활용되고 있다. 바로 이 학습하는 조직이 오늘날의 TFA를 이끌어가는 것이다.

지금은 TFJ에서 독립하여 NPO법인 러닝포올에서 활동하고 있지만 TFA에서 배운 학습하는 조직의 정신은 러닝포올에서도 그대로 이어지고 있다.

학습 지원 사업에서 시작한 러닝포올의 창조적 긴장은 "6세부터 18세에 이르는 모든 학생이 필요한 지원을 받을 수 있는 환경을 어떻게 하면 지역 차원에서 실현할 수 있을까"라는 질문으로 발전했다. 현재도 아이들의 빈곤 문제를 본질적으로 해결하기 위한 방법을 찾으려고 계속 노력 중이다.

아이들의 빈곤 문제는 매우 복잡해서 문제의 본질을 파악하려면 빙산 모델이나 시스템적 사고가 꼭 필요하다. 자치단체와 학교, 부모, 지역 등 다양한 입장의 사람들과 대화하지 않고서는 모든 아이들이 필요한 지원을 받을 수 있는 환경을 구축하기란 불가능하다. 그래서 러닝포올에서는 모든 구성원이 학습하는 조직의 리더가 되도록 요청하고 있다.

학습하는 조직은 목표를 이루기 위해 구성원 모두가 끊임없이

그림4-2 티치포아메리카의 학습 사이클

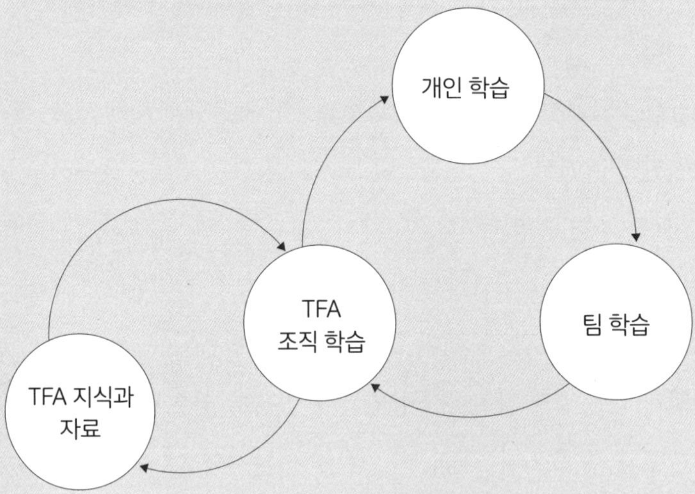

배워나가는 조직이다. 이 책을 통해 여러분도 학습하는 조직을 만드는 데 꼭 도전해보길 바란다.

복습

- 학습 능력이 뛰어난 조직을 만들기 위해서는 리플렉션과 대화가 필요하다.
- 관리형에서 자율형 조직으로 바꾸고 싶다면 책에서 나온 방법을 활용해보자.
- 공적인 업무뿐 아니라 여러 사람이 같은 목표를 위해 힘쓰는 모든 활동에 이 책에서 소개한 방법을 활용해보자.

이 책에서 소개한 내용을 한마디로 정의하자면 '학습하는 조직을 만드는 방법'이라고 할 수 있다. '학습하는 조직'이라는 개념과 만나서 이 책을 쓰기까지는 길고도 험난한 과정이 있었다.

한계에 부딪히다

학습하는 조직과의 만남은 1997년으로 거슬러 올라간다. 이상적인 리더십 개발 사례를 찾던 중 GE의 CEO 잭 웰치가 대기업의 관행처럼 이어져내려온 관리형 조직을 버리고 학습하는 조직으로 재탄생시키기 위해 도전하고 있다는 사실을 알게 되었다. GE에서는 전 세계에서 선발된 150명의 리더를 크로톤빌에 있는 리더십개발센터로 모아서 학습하는 조직의 리더로 키워냈고, 이를 통해 약 40만 명이 넘는 거대한 조직의 대변혁을 성공시켰다.

운 좋게도 이 프로그램 개발에 참여했던 한 전문가와 만나 나는 일본에 학습하는 조직을 알리기 위한 활동을 시작했다. 버블 경제가 붕괴한 뒤 일본에서는 대기업은 절대 바뀌지 않는다는 믿음이 팽배했다. 하지만 40만 명이 넘는 대규모 조직이 변화를 이뤄냈다는 사실을 알게 되면 많은 기업이 학습하는 조직을 목표로 삼으리라 믿고 꿈과 희망에 부풀어 이를 알리기 위해 최선을 다했다.

내 예상은 크게 빗나갔다. 몇몇 대기업에서 연수를 할 기회가 있긴 했지만 안타깝게도 그 내용은 GE에서 실행했던 학습하는 조직으로 가기 위한 방법과는 거리가 멀었다.

GE에서는 직원들에게 새로운 경험을 할 수 있도록 기회를 주고 도전을 통한 성장을 장려했다. 연수는 주로 직원들의 성공을 지원하기 위한 수단으로 활용되었다. 내가 일본에 소개했던 기업의 변화를 위한 프로그램도 GE에서는 변화가 필요하다면 누구든 사용할 수 있는 방법으로 자리잡은 지 오래였다. 당시 GE는 이상적인 매니지먼트 사례로서 여러 곳에서 연구되었지만 어느 회사도 GE만큼 훌륭한 리더를 배출해내지는 못했다. GE에는 최고위 경영자부터 현장에서 일하는 말단 직원까지 모두가 변화에 적극적이었고, 직원의 성장과 성공을 지원하는 일관된 시스템과 조직문화가 있었다. 아무리 완벽한 지식과 개념을 전달해도 단순히 연수를 실시하는 것만으로는 조직의 큰 변화를 기대하기는 어려웠다.

잊히지 않는 경험들

학습하는 조직의 리더를 양성하기 위한 사업을 실시했을 무렵, 한 기업에서 '사업부를 뛰어넘는 연대를 실현하고 고객의 가치를 창조하는 리더를 양성하고 싶다'는 의뢰가 들어왔다. 그 기업에서 롤모델이 되는 몇몇 인재를 인터뷰했는데 그들은 '우리 회사의 모든 가치를 고객의 문제 해결을 위한 곳에 쓰고 싶다'고 말하며, 스스로 사내외의 인맥을 개척하여 사업부를 뛰어넘는 연대를 이뤄내고 있었다.

나는 이토록 멋진 기업이 또 있을까 싶을 만큼 감동했지만 막상 연수를 시작하고 보니 현실은 기대와는 크게 달랐다. 그룹별 대화에서는 그 일을 할 수 없는 혹은 하지 못하는 이유만 넘쳐났고, 회사의 평가 제도를 탓하며 문제의 원인은 자신들이 아닌 회사에 있다는 쪽으로 의견이 모아졌다. "만약 당신이라면 어떻게 하고 싶나요?"라는 질문에는 다들 묵묵부답이면서 그 일을 할 수 없는 이유를 말할 때는 모두 달변가가 되었다. 이런 상황에서 조직의 일원이 아닌 강사의 입장에서는 무력감을 느낄 수밖에 없다.

또 다른 기업에서도 변화를 이끌어내는 리더를 양성하고 싶다는 의뢰가 들어왔지만 그 대상은 언제나 과장이나 팀장과 같은 중간관리자뿐이었다. 임원들은 '부장들에게는 변화를 기대하기 어렵기 때문에 회사의 미래는 젊은 사람들에게 맡기고 싶다'며, 젊은 사원들이 하고 싶은 것을 마음껏 할 수 있길 바란다고 했다. 나 역시 사명감을 가지고 중간관리자들을 학습하는 조직의 리더로 키우기 위해 최선을 다했다.

하지만 교육이 성공하자 그때부터 중간관리자들의 고민이 시작되었다. 현장으로 돌아가면 임원들이 말했듯이 '변화를 기대하기 어려운 부장들'이 있기 때문이었다. 그들은 열의로 가득 찬 중간관리자들의 의지를 꺾기 바빴다. 중간관리자들이 회사와 고객을 생각해서 변화를 꿈꾸면 꿈꿀수록 그들의 고뇌만 깊어질 뿐이었다. 결국 연수는 역효과만 가져왔고 회사는 변화를 이뤄내지 못했다.

한 금융기관에서 신규 사업 기획에 관한 연수를 실시한 적이 있다. 연수에 참여했던 젊은 사원들은 마지막 날 임원들 앞에서 프레젠테이션을 하게 되었는데, 가장 참신한 사업 제안을 한 팀은 임원들의 애정 없는 비판과 혹평을 들어야 했다. 오히려 이미 알고 있는 정보를 보기 좋게 정리했을 뿐 특별한 내용이 없는 프레젠테이션을 한 팀이 가장 높은 평가를 받았다. 참으로 당황했던 순간이었다.

이 경험을 통해 나는 '아무것도 생각하지 않고, 말하지 않고, 의견을 가지지 않는 우수한 인재들'이 국내에 자꾸만 늘어나는 이유를 깨달았다. 이러한 환경 속에서 일하다 보면 아무리 우수한 인재라도 결국에는 '나는 어떻게 하고 싶은가?'라는 질문에 대답할 수 없게 되는 것이다.

교육과 사회가 함께 성장해가는 '학습하는 나라'

기업 연수에서 부정적인 경험만 반복하던 나는 어른을 교육하기에는 너무 늦었다는 결론을 내렸다. 그래서 초점을 아이들 교육으로 바꾸고 국내에 학습하는 조직을 뿌리내리게 할 새로운 방법을 모색하기로 마음먹었다. 때마침 새로운 학교를 만들자는 목표로 새 시대의 교육자를 양성하고 훈련시키는 일본 교육대학원의 경영에 참여할 기회가 생겨 연구를 시작했다.

새 시대의 교육에 관해 알아보던 중 나는 '미래의 성인이 행복하게 살기 위해서는 교육이 달라져야 한다'는 거대한 움직임이 이미 전 세계에서 시작되었음을 알게 되었다. 미국에서는 2002년에 애플사와 신흥 기업을 중심으로 '파트너십포21'이라는 단체가 설립되어, 기존의 교육에 더해 '비판적 사고와 문제 해결'Critical Thinking and Problem Solving, '커뮤니케이션'Communication, '협업'Collaboration, '창조성과 혁신'Creativity and Innovation이라는

4C를 가르치도록 지원했다. 유럽에서는 2003년에 OECD가 의무교육의 핵심 내용을 발표하고 '변동성Volatility, 불확실성Uncertainty, 복잡성Complexity, 모호성Ambiguity이 공존하는 부카VUCA 시대를 살아가야 할 아이들에게 리플렉션은 반드시 필요한 능력'이라고 말했다. 또한 OECD가 2019년에 발표한 'OECD 러닝 컴퍼스 2030'에서는 보다 나은 미래를 창조하기 위해서는 반드시 리플렉션이 필요하다고 강조했다.

OECD가 주장한 교육 개혁의 내용은 학습하는 조직의 개념과 많은 부분 일치했다. 나는 당장이라도 OECD의 교육 개혁 내용을 일본에 들여오고 싶었지만 그동안의 경험을 미루어보았을 때 쉽지 않겠다는 생각부터 들었다.

그래서 다양한 이해관계자들과 함께 교육의 미래를 위한 회의를 열기 시작했다. 문부과학성과 교육위원회, 현장에서 일하는 선생님들, 학부모, 학생, 기업의 채용 담당자 등 여러 관계자들과 대화하는 동시에, 130개국이 넘는 국내외 교육 현장을 방문해 학습하는 시간을 가졌다. (미래교육회의에서 작성한 〈사회의 미래 시나리오 2030〉 〈교육의 미래 시나리오 2030〉 〈일생에 한 번 교육 리포트〉는 미래교육회의 홈페이지에서 다운받을 수 있다.) 특히 네덜란드와 독일, 덴마크에 방문했을 때 유럽에는 '학습하는 나라'라는 개념이 존재하고 이를 '사중 나선'이라고 부른다는 사실을 알게 되었다.

학습하는 나라에서는 교육과 사회가 함께 성장해나가는 모습을 엿볼 수 있었다.

어른이 바뀌면 교육도 바뀐다

미래교육회의의 활동을 통해 나는 '어른을 교육하기에는 너무 늦었다'는 생각이 틀렸음을 깨달았다. 세계에서 아이들이 제일 행복한 나라 네덜란드에서는 4세 때부터 리플렉션을 가르친다고 한다. 이와 같은 교육이 가능한 이유는 바로 어른이 리플렉션의 중요성을 깨닫고 실천했기 때문이었다.

어른이 바뀌지 않으면 교육도 바뀔 수 없다는 점을 깨달은 뒤로 나는 주식회사 라이풀의 대표 이노우에 다카시의 지원을 받아 2015년에 '21세기 배움연구소'를 설립했다. 일본의 교육을 바꾸겠다는 목표를 내걸고 다시 한 번 학습하는 조직을 국내에 안착시키는 데 도전하기로 마음먹은 것이다. 이때 교육 관련 활동에서 배운 점들이 큰 도움이 되었다. 특히 **리플렉션, 메타인지, 대화**는 적응 과정이 필요하고, 복잡하면서도 여러 사람이 관련된 문제를 해결할 때 결코 빼놓을 수 없는 부분이었다.

이 책에서 소개한 리플렉션의 5가지 기본 방법은 이상과 현실의 차이를 좁히는 데 필요한 깨달음을 얻게 해준다. 이는 개개인의 능력을 꾸준히 키워주는 힘이기도 한다. 이때 빼놓을 수 없는 것이

인지의 4가지 구성 요소를 활용한 리플렉션이다.

시민들의 영향력이 큰 네덜란드에서는 인지의 4가지 구성 요소에 관한 교육을 4세 때부터 실시한다. 다양성이 존중받고 함께 살아가는 사회를 실현하기 위해 리플렉션과 메타인지, 대화를 어릴 때부터 연습하는 것이다. 네덜란드의 아이들은 민주적인 사회에서는 서로 대립하는 것이 당연하며, 의견과 그 의견을 가진 사람을 구분해서 파악할 수 있는 어른으로 성장한다.

현재 나는 네덜란드의 시민 의식 교육 프로그램을 일본의 유아 및 초등학생들에게 가르치는 활동도 하고 있다. 신기하게도 아이들은 '사람들은 저마다 감정과 의견이 다르지만, 달라도 모두 친구가 될 수 있다'고 가르치면 이를 바로 실천한다. 오히려 아이들이 이게 더 자연스러운 거라며 어른들에게 가르쳐주는 느낌이다.

학습하는 조직을 몸소 보여주고 있는 러닝포올의 동료들

10년 동안 내가 학습하는 조직의 가능성을 믿고 따를 수 있었던 것은 '러닝포올'의 동료들 덕분이었다. 러닝포올은 아이들의 빈곤 문제를 본질적으로 해결하기 위한 교육 NPO 단체다. 나는 이 단체가 설립될 때부터 참여해서 학습하는 조직을 개발하기 위한 활동을 담당해왔다.

러닝포올의 모든 구성원에게는 아이들의 빈곤 문제에 종지부를 찍고야 말겠다는 강력한 창조적 긴장이 서려 있다. 모두가 아이들의 성적이 오르지 않는 것은 아이 탓이 아니라는 믿음을 바탕으로 리플렉션에 진심을 다하고 있다.

일류 기업에서도 성공시키는 데 애를 먹고 있는 '학습하는 조직'의 핵심 개념을 우리 아이들이 자연스럽게 체득하는 모습을 볼 때면 참으로 놀랍고도 신기하다. (실제로 러닝포올의 졸업생들은 교육과 행정 분야에서뿐 아니라 비즈니스 세계에서도 크게 활약하고 있다.) 동시에 '막상 해보면 쉽지 않다'는 변명을 입에 달고 산 나 자신도 책임감을 가지고 해야 할 일을 해야겠다는 생각이 든다.

아이들은 사회의 공기를 흡수하며 자란다. 어른들의 모습과 말과 행동이 사회의 공기를 만들어내고 있으므로 우리는 모두 교육의 일부분을 담당하고 있는 셈이다.

어른과 아이가 함께 배워나가는 '학습하는 나라'를 만들기 위해 메타인지, 리플렉션, 대화, 언런에 힘쓰는 사람이 늘어나기를 바라면서 이 책을 마친다.

2021년 3월,

구마히라 미카